Es wird Tag in Mexiko.
Die Geschichte
einer ungewöhnlichen Reise

Autumnus Verlag

Originalausgabe

Umschlagbild: Lone Mordhorst
Umschlaggestaltung: Lone Mordhorst
Illustrationen: Joseph Schmidt-Klingenberg, Haakon Auster
Umschlagtext: Susan Müller
Lektorat: Dina Kassymbekova
Schlusslektorat: Jennifer Werner
Printed in Germany
ISBN 978-3-938531-22-8
www.autumnus-verlag.de

3., durchgesehene Auflage

Lydia Nehring

Es wird Tag in Mexiko.
Die Geschichte einer ungewöhnlichen Reise

Mit Bildern von
Joseph Schmidt-Klingenberg

Corona

Ankunft

Es war bereits dunkel, als der Junge zum ersten Mal das kleine Haus in der Millionenmetropole betrat. Durch ein schweres Eisentor war er über einen schmalen Steinhof gegangen. Nun öffnete der Großvater eine Metalltür, die vom Hof direkt in die Küche des Häuschens führte. Dem Jungen schlug ein angenehmer, leicht verstaubter Geruch entgegen, der ihn an die Wohnung einer alten Tante auf dem Land erinnerte. Ein Geruch, der Gemütlichkeit verbreitete.

Der Großvater ging mit dem Jungen durch die Küche in das Esszimmer, in dem mittendrin ein großer, brauner Tisch stand. Dahinter befand sich eine Kommode aus schwerem Eichenholz. Ob der Großvater dort sein gutes Geschirr aufbewahrte? Ohne die geringste Scheu sah sich der sonst so schüchterne Junge in dem Haus um, in dem er nun einige Wochen verbringen sollte. Das Esszimmer war direkt mit der Wohnstube verbunden, an deren Wänden eine Vielzahl von Bildern aufgereiht war.

Von einem Bild blickte ein dunkelhäutiges Indianermädchen mit langen, pechschwarzen

Haaren freundlich auf den Betrachter. Es trug ein weißes, locker herabhängendes Kleid, das am Halsausschnitt mit Stickereien verziert war. Im Arm hielt das Mädchen einen Korb, in dem lecker aussehende Früchte lagen. Der Junge ging ganz nah an das Bild, um sich die Früchte genauer anzuschauen.

Doch der Großvater unterbrach die Erkundungen seines Enkels: "Komm, Philo, wir wollen nach oben gehen", sagte er. Dabei rollte er das R nach Art seiner Landsleute, was seiner Aussprache einen warmen Klang verlieh.

Über eine Treppe gelangten sie in die erste Etage der Wohnung, in der sich das Schlafzimmer des Großvaters befand. Genau gegenüber öffnete der alte Mann eine zweite Tür: "Hier wird dein Reich sein, Philo", sagte er. "Ich hoffe, es gefällt dir."

Der Junge blickte in ein kleines Zimmer, in dem ein breites Bett stand. Neben dem Bett hatte eine Truhe aus rötlichem Mahagoniholz Platz gefunden, die sich gewiss nicht ohne Knarren öffnen ließ. Der Truhe gegenüber, gleich neben der Tür, lud ein bequemes Sofa zum Faulenzen ein.

Mit Schwung ließ sich Philo auf das Bett fallen. Eigentlich hatte er mit dem gleichen Schwung wieder aufspringen wollen, doch es gelang ihm nicht. Mit einem Mal fühlte er, dass seine Glieder schwer wie Blei waren. Kein Wunder, schließlich hatte er einen ganzen Tag im Flugzeug gesessen, um den Atlantischen Ozean zu überqueren! Die aus einem Baumstamm geschnitzte Uhr an der Wand zeigte zwar, dass es erst acht Uhr abends war - eine Zeit also, in der er sich gewöhnlich mit Händen und Füßen gegen das Zubettgehen sträubte. Doch in seiner Heimat schlug es bereits drei Uhr morgens und alles lag in tiefem Schlaf.

Schnell zog der Junge aus seinem Rucksack den grünen Plüschfrosch hervor, der lustig mit seinen langen Armen und Beinen baumelte. Dann schlüpfte er unter die Decke und murmelte: "Na, mein kleiner Tornado, bist du auch so müde wie ich?" Doch noch bevor Tornado mit dem Kopf nicken konnte, um damit "Gute Nacht, Philo" zu sagen, war Philo eingeschlafen.

In der Fremde

Als Philo am nächsten Morgen durch das laute Hupen von Autos geweckt wurde, musste er sich erst besinnen, wo er war. Da kitzelte der Duft von frisch gebackenen Brötchen seine Nase, und Philo erinnerte sich an die große Reise.

Er war wirklich in Mexiko-Stadt! Und das, obwohl er die Hoffnung in den letzten Wochen bereits aufgegeben hatte. Denn seine Eltern waren gar nicht begeistert gewesen, als er verkündete, seinen Großvater in Mexiko besuchen zu wollen. Schließlich konnte ihn niemand begleiten, da weder seine Mutter noch sein Vater Urlaub bekamen. Doch ihren Sohn allein ins Flugzeug zu setzen, brachten sie nicht über das Herz.

Die Ferien rückten näher und näher. Und je kürzer die Zeit bis zum letzten Schultag war, desto mehr schwand Philos Glaube, diese Reise antreten zu können. Dabei hatte er es sich so sehr gewünscht!

Vier Tage vor den Ferien kam Onkel Hugo zu Besuch. Und dann ging alles sehr schnell. Onkel Hugo musste eine Woche später nach Mexiko fliegen. Und was lag da näher, als Philo mitzunehmen?

Stürmisch bedrängte Philo die Eltern und seinen Onkel - bis sie endlich mit sorgenvollem Augenaufschlag "Ja" sagten.

Auf dem Rückweg würde der Großvater mit dem Jungen reisen, schließlich war er schon drei Jahre nicht mehr in Europa gewesen.

Und nun war Philo also da! Flink eilte er die Treppe hinunter. Sein Großvater hatte bereits den Frühstückstisch gedeckt und war gerade dabei, Orangensaft zu pressen.

"Du hast wohl Hunger!", schmunzelte er, als sich Philo auf die Brötchen stürzte. Der nickte mit vollen Backen, während seine auffallend großen, braunen Augen aufmerksam die Küche musterten, die am Tage in einem völlig neuen Licht erschien. Doch schon im nächsten Moment wurde seine Aufmerksamkeit von den Geräuschen gefesselt, die von der belebten Straße zu ihnen hereindrangen.

Der monotone, lang gezogene Ruf eines Mannes, der in kurzen Abständen immer wieder erklang, tönte durch den Verkehrslärm.

"Was ruft er?", fragte er den Großvater.

"Er verkauft Gasflaschen, da hier fast alle Haushalte Gasherde haben", erklärte der Großvater und strich sich über das tiefbronzene Gesicht, das seine weißen Haare noch weißer leuchten ließ. "Jeden Tag läuft er durch die Straßen und ruft: 'El gaaaas'. Wenn jemand eine Gasflasche braucht, kann er zu ihm gehen und eine kaufen."

Kurze Zeit später hörte man das laute Klingeln einer Glocke. Schwerfällig erhob sich der Großvater und holte die Mülltüte, die er im Hof abgestellt hatte. Damit ging er auf die Straße, auf der bereits ein großer, mit Müll beladener Laster wartete. Auch zwei junge Frauen kamen mit ihren Abfalleimern angelaufen. Der Großvater reichte seine Tüte dem schmutzigen Mann, der auf der Ladefläche wartete, und steckte dann einige Pesos in eine verrostete Metalldose, die an der Wagenwand baumelte. Philo hatte ihn durch das Fenster neugierig beobachtet.

"Wieso trägt der Müllmann keine Handschuhe?", fragte er den Großvater, als dieser wieder in der Küche war.

"Tja, das weiß ich auch nicht so recht. Vielleicht stören sie ihn beim Zugreifen. Den Arbeitern wird immer wieder gesagt, dass sie Handschuhe und Schutzanzüge tragen sollen. Aber wer nicht will, der will eben nicht."

Der Großvater sah sich plötzlich suchend um. "Hast du nicht meine Brille gesehen?", murmelte er, wobei er keine wirkliche Antwort zu erwarten schien. "Vorhin habe ich sie doch hier auf den Küchenschrank gelegt und nun ist sie weg."

Mit einem missmutigen Blick streifte er die Möbel. Wie oft schon hatte er diese verflixte Brille gesucht! Manchmal glaubte er, sie würde von Zeit zu Zeit Beine bekommen, weil sie einfach die Lust packte, durch die Welt zu schweifen. Er sah die Brille förmlich vor sich, wie sie fröhlich durch das Haus trippelte und mal hierhin, mal dorthin schaute. Damit er sie schließlich in der Kaffeedose, in der Waschmaschine oder gar im Kühlschrank aufstöberte.

Aber nicht nur seine Brille schien die Reiselust gepackt zu haben! Auch seine Bücher, seine Zeitungen und seine Socken begaben sich zuweilen auf Wanderschaft. Doch während er die Bücher, Zeitungen und sogar die Brille - die er diesmal neben den Gewürzen entdeckte - irgendwann wiederfand, war die Suche nach seinen Socken eine schier aussichtslose Sache. Und wenn eine Sache aussichtslos ist, sollte man sich mit ihr abfinden - so sagte der Großvater.

Eine merkwürdige Begegnung

Nach dem Frühstück blieb Philo sich selbst überlassen. Er schlenderte von Zimmer zu Zimmer und trat schließlich von der Küche in den Hof, den er am Abend zuvor durchquert hatte.

Der Hof war klein und schmal wie ein Handtuch. Der Boden war mit Steinen bedeckt. Zu den Nachbarn ragten hohe, in leichtem Rosa verputzte Steinwände empor, die in der Hitze des Vormittags schützenden Schatten boten. Den Blick zur Straße versperrte ein dickes, graues Eisentor, welches durch spitze Zacken am oberen Rand noch undurchdringlicher wirkte. Nirgendwo war ein Spalt zu entdecken, durch den man hätte herausgelangen können. Kein Wunder, dass sich Philo in dem Steinviereck so eingeschlossen fühlte, als wäre er in eine Festung geraten. Doch merkwürdig: Gleichzeitig hatte er das Gefühl, dass sich in dem Hof ein Geheimnis verbarg, das die Mauern durchlässig machte. Und tatsächlich: Gerade wollte Philo in das kühle Haus zurückkehren, da erspähte er in einer Ecke des Hofes eine Tür, die wie die Wände gestrichen und daher kaum sichtbar war. Sie musste in eine Kammer oder einen

Keller des Gebäudes führen, die von der Wohnung her nicht zu erreichen waren.

Neugierig näherte Philo sich dem versteckten Eingang. Er war mit einem rostigen Metallriegel verschlossen, der fest in der Mauer verankert war. Vorsichtig versuchte Philo, den Riegel zurückzuschieben, doch nichts bewegte sich. Angestrengt wackelte er an dem Schloss herum und presste die Hand dagegen. Nichts zu machen! Noch ein letztes Mal nahm Philo seine Kraft zusammen - da schob sich der Riegel knarrend zur Seite. Mit einem leisen Quietschen öffnete sich die Tür.

Philo blickte in einen Abstellraum. In der Mitte standen einige übereinander gestapelte Gartenstühle. An den Wänden hingen Werkzeuge, die mit Staub und Spinnweben überzogen waren. Auch einen Ball, einen Eimer und einen Spaten sah er neben der Tür lehnen. Alles Dinge, die der Großvater schon lange nicht mehr benutzt hatte.

Gerade wollte Philo das kleine Kabuff wieder verlassen, da entdeckte er etwas in der hinteren Wand.

War dort nicht eine kleine Öffnung? Könnte Philo sich hindurchzwängen?

Gespannt versuchten seine Augen, die sich nach dem grellen Sonnenschein noch immer nicht an das Dämmerlicht gewöhnt hatten, das Halbdunkel zu durchdringen. Philo zögerte. Sollte er über die alten Sachen steigen, um zu der hinteren Wand zu gelangen? Vielleicht gab es Ratten? Oder Fledermäuse? Eigentlich war er nicht besonders begierig auf Spinnweben oder Rattendreck. Doch was war das? Summte dort jemand eine Melodie? Philos Herz schlug schneller. Er musste herausfinden, was hinter der Wand war! Also schob er sich an den alten Gartenstühlen vorbei, um durch den Spalt zu spähen. Er war größer als gedacht. Philo steckte seinen ganzen Kopf hindurch. Er traute seinen Augen nicht!

Vor ihm lag ein gemütliches Zimmerchen, das durch eine Öllampe erleuchtet war. In der Mitte stand ein sich gemächlich bewegender Schaukelstuhl, in dem ein Männlein saß.

Offensichtlich entspannte es sich nach einem ausgiebigen Mahl, wie ein offener Topf und eine Pfanne auf dem Herd an der rechten Seite des Raumes verrieten. Aber seltsam: Obwohl Philo dem Männlein genau ins Gesicht schaute, schien es ihn nicht zu sehen. Jedenfalls zeigte es keinerlei Erstaunen über seinen Besuch. Seelenruhig schaukelte es hin und her, vergnügt vor sich hinsummend. Vielleicht war es kurzsichtig? Philo zögerte einen Moment, dann steckte er noch eine Hand hindurch und winkte. War das merkwürdige

Wesen nicht blind, musste es ihn jetzt bemerken! Aber es war wie verhext, noch immer zeigte es keine Reaktion.

Da konnte Philo nicht länger an sich halten. "Wer bist du nur?", platzte es aus ihm heraus.

Mit einem Schlag hörte das Männlein auf zu schaukeln und sah ihn an. Philo wich zurück.

Hatte er es erschreckt? Oder verärgert?

"Kannst du mich etwa sehen?", hörte er das Männlein mit quäkender Stimme fragen.

"Ja, natürlich", antwortete Philo verwundert. Er hatte schließlich keine Probleme mit den Augen. Es war doch dieser Zwerg, der ihn die ganze Zeit nicht wahrgenommen hatte.

"Ist das wirklich wahr?", hörte er die Quäkstimme wieder.

"Aber ja", sagte Philo. Und schreckte im nächsten Moment zurück. Denn mit einem Schrei war das Männlein von seinem Schaukelstuhl empor gesprungen, als hätte man eine gespannte Metallfeder losgelassen. Kaum einen Fußbreit vor Philo blieb es stehen und blickte ihm gespannt ins Gesicht. Es musterte ihn mit der Genauigkeit eines Briefmarkensammlers, der eine fremdartige Marke studiert. Langsam verzog sich sein Mund zu einem Lächeln, das immer breiter wurde. Leise begann es wieder die Melodie zu summen, die Philo schon kannte. Als würden die Töne seinen Körper durchströmen, so wippte das Männlein dazu sanft auf seinen Zehenspitzen. Immer freudiger erklang sein Summen, bis auch die letzte Furche seines Gesichts zu lachen schien.

Darf ich mich vorstellen?

Philo fühlte sich etwas benommen. Was war das nur, was da vor ihm auf und nieder federte? Unbestritten war es ein Männlein, das ihm gerade bis zum Bauchnabel reichte. Es hatte dünne Arme und Beine, aber ein beachtliches Bäuchlein, das bei jeder Bewegung lustig wackelte. Auf dem Kopf trug es Haare, deren Farbe je nach Beleuchtung mal rot, mal braun schimmerte. Wie die spitzen Stacheln eines Igels standen sie ihm vom Kopfe ab. Bekleidet war das Männlein mit einer braunen Hose und einem grünen Hemd, das es in die Hose gesteckt hatte. Diese hatte es mit einem Paar knallroter Hosenträger befestigt, sonst wäre sie sicher von seinem vorgewölbten Bauch gerutscht.

"Oh Verzeihung, ich vergaß, mich vorzustellen", sagte das Männlein plötzlich betont höflich. "Mein Name ist Togo."

"Ich bin Philo."

Neugierig blickte er in Togos Gesicht, das von Falten durchzogen war und doch irgendwie jung wirkte. Vielleicht lag es an den blitzenden, dunkelgrünen Augen.

"Worüber freust du dich eigentlich so?", fragte Philo.

"Dass du mich sehen kannst!", trällerte Togo mit vergnügter Stimme.

"Warum sollte ich dich nicht sehen können?", erkundigte sich Philo verwundert.

"Weil du ein Mensch bist. Und die meisten Menschen sind eben blind", antwortete Togo in einem Ton, als wüsste dies jedes halbwegs vernünftige Wesen. Als er Philos erstauntes Gesicht bemerkte, fügte er hinzu: "Natürlich sind sie nicht wirklich blind. Aber sie sehen nur, was sie sehen wollen oder was sie kennen."

So schnell, wie Togo zu strahlen begann, so schnell konnte er auch alles an sich betrübt herunterhängen lassen. "Sie sehen mich einfach nicht", klagte er. "Und wer hat darunter zu leiden? Natürlich ich! Diese dumme Blindheit ist Schuld daran, dass ich so viel Zeit mit mir selbst verbringen muss!" Schnaufend stieß er die Luft durch die Nase. Er wollte wohl seinen Ärger herausblasen.

"Immer spiele ich mit mir, unterhalte ich mich mit mir, streite ich mit mir! Das ist manchmal schön, aber manchmal auch ganz schön langweilig, schließlich lebe ich schon ein Weilchen." Vorwurfsvoll sah er den Jungen an, als trüge der die Schuld an diesem ganzen Übel.

"Wie alt bist du denn?", erkundigte sich Philo.

"Tja", sagte Togo, während er nachdenklich die

Augen verdrehte. "Ich würde sagen, ich bin alle Jahre alt."

Philo lachte. "Man kann doch nicht alle Jahre alt sein."

"Ach so", korrigierte sich Togo mit einem verschmitzten Grinsen. "Dann bin ich 167 Jahre, 9 Monate und 17 Tage alt."

Der Junge schmunzelte. "Ich bin erst 9 Jahre alt."

"Na, das kann ja noch werden", sagte Togo, während er zu seinem Schaukelstuhl ging und sich mit Schwung hineinplumpsen ließ. Mit einer Kopfbewegung forderte er Philo auf, ihm zu folgen. Dieser setzte sich im Schneidersitz neben den Schaukelstuhl.

"Es ist wirklich komisch, dass dich niemand bemerkt", meinte Philo nach einem kurzen Moment des Schweigens.

"Wirklich komisch", bestätigte Togo, während er langsam hin- und herschaukelte. "Auch dein Großvater war überzeugt, dass es mich nicht gibt. Er ist doch dein Großvater, oder?"

Philo nickte.

"Habe ich mir gleich gedacht", murmelte Togo.

Dann fuhr er fort: "Einige Male wäre er fast über mich gestolpert! Und was half das? Nichts! Dein Großvater tat, als wäre nichts geschehen!"

Das hektische Knarren des Schaukelstuhls verriet

Togos Erregung. Erst nach einer Weile verfiel er wieder in seinen gleichmäßig ruhigen Takt.

"Ja, dein Großvater war eine harte Nuss", erinnerte sich Togo. All seine Bemühungen, den Großvater auf sich aufmerksam zu machen, schienen vor seinem inneren Auge vorüberzuziehen.

"Aber so schnell gibt ein Togo nicht auf", sagte er nicht ohne Stolz. "Zuerst habe ich ihm abwechselnd das Wasser oder den Strom abgestellt, aber das war für deinen Großvater nichts Außergewöhnliches."

Philo zog fragend die Augenbrauen in die Höhe.

"Hier in Mexiko-Stadt gibt es häufig Stromausfälle oder Wassersperren", erklärte Togo. "Komisch fand dein Großvater nur, dass bei den Nachbarn das Licht brannte und das Wasser lief."

In seinem Bauch gluckste ein unterdrücktes Lachen.

"Dann habe ich begonnen, ihm die Schuhe und Strümpfe auszuziehen, während er im Sessel eingenickt war. Das hat ihn doch etwas mehr verunsichert."

Philo grinste bei dem Gedanken, dass der Großvater nach seinem Vormittagsschläfchen aus dem bequemen Ohrensessel aufstehen wollte und plötzlich barfuß dastand. Er hätte in diesem Moment zu gern sein Gesicht gesehen.

"So ging das eine ganze Weile", fuhr Togo fort. "Dein Großvater war zuweilen verwundert, was für merkwürdige Dinge geschahen. Aber wirklich interessiert daran, wer der Übeltäter war, war er nicht. Zum Glück kam eines Tages Tante Xochitl zu Besuch. Ohne sie hätte dein Großvater wohl bis heute nicht eingesehen, dass ich hier wohne."

Togo schaukelte schweigend hin und her, während er sich mit dem Fuß vom Boden abstieß. Er genoss es sichtlich, einen interessierten Zuhörer zu haben.

"Eines Tages hatte es sich dein Großvater gerade mit seiner Zeitung in seinem Sessel bequem gemacht. Neben ihm stand das kleine Tischchen mit der Muschelverzierung, auf das er eine Tasse Kaffee gestellt hatte. Er liest nämlich niemals die Zeitung, ohne seinen Kaffee neben sich zu haben. Als er nun in einen Artikel vertieft war und einen Schluck aus seiner Tasse nahm, schob ich den Tisch, unerreichbar für ihn, weg. Ohne hinzusehen, wollte dein Großvater die Tasse wieder abstellen."

Togo strahlte, er freute sich noch immer über den gelungenen Streich. "Laut klirrend landete das Porzellan auf dem Boden und zerbrach in tausend Stücke. Der Kaffee spritzte nach allen Seiten und dein Großvater sprang erschrocken auf. Das war der Augenblick, in dem es an der Tür klingelte und Tante Xochitl auf der Bildfläche erschien."

Leider war dies auch der Moment, in dem jetzt gerade der Großvater nach Philo rief. Widerwillig stand der auf und sah Togo unschlüssig an. Er wollte so gern den Fortgang der Geschichte hören.

"Komm mich doch am Nachmittag wieder besuchen", forderte Togo ihn auf. Erfreut nickte Philo und stürmte auf den sonnenbeschienenen Hof hinaus.

Gaumenbrand

In der Küche empfing Philo der verlockende Duft von dampfenden Nudeln. Erst jetzt merkte er, wie sehr sein Magen knurrte.

"Komm, setz dich", sagte der Großvater, "du musst Hunger haben." Er holte vom Herd einen großen Nudeltopf. Sich selbst hatte er Tortillas mit schwarzen Bohnen zubereitet, ein Gericht, das er besonders liebte. Genüsslich träufelte er grüne Chilisauce auf die Tortillas, bevor er sie aß.

"Möchtest du probieren?", fragte er Philo, als er seinen interessierten Blick bemerkte. Zögernd griff der Junge nach einer Tortilla und biss hinein. Eigentlich schmeckte sie gar nicht schlecht. Rasch griff er nach der Chilisauce und nahm einen reichlichen Löffel. Bevor ihn der Großvater warnen konnte, hatte er die Sauce auf der Tortilla und steckte sie in den Mund.

Zuerst lächelte Philo noch. Doch schon im nächsten Moment verzerrte sich sein Gesicht und er spuckte aus. Prustend und keuchend japste er: "Wasser! Schnell, Großvater! Wasser! Wasser!" Ihm war, als hätte jemand in seinem Inneren Feuer gelegt. Er griff nach dem Wasserglas und trank.

Rasch reichte ihm der Großvater ein Stück weißes Brot, das Philo mit tränenden Augen kaute. Nur langsam ließ der Brand an seinem Gaumen nach.

"Ich glaube, ich ess lieber Nudeln", murmelte er schließlich erschöpft und griff zu seiner Gabel.

"Du wirst dich daran gewöhnen", tröstete ihn der Großvater. "Pass auf, bald verlangst du überall Chilisauce."

Nach dem Essen räumte der Großvater den Tisch ab. Dann holte er ein kleines Schälchen aus dem Schrank und legte drei Tortillas hinein. Daneben tat er einige Löffel mit schwarzen Bohnen und begoss das Ganze mit Chilisauce. Mit dem Schälchen ging er auf den Hof. Einen Augenblick später kam er mit leeren Händen zurück.

"Was hast du mit dem Schälchen gemacht?", erkundigte sich Philo.

"Ich habe es nach draußen gebracht", brummelte der Großvater undeutlich, während er sich schnell dem Abwaschtisch zuwandte. Irgendwie war ihm die Frage unangenehm. Doch Philo tat so, als würde er das nicht bemerken.

"Warum denn?", wollte er wissen.

Der Großvater brummte wieder etwas, das Philo nicht verstehen konnte.

"Warum hast du es nach draußen gebracht, Großvater?", wiederholte er seine Frage.

Der Großvater schnaufte resigniert und setzte sich schwerfällig zu seinem Enkel an den Tisch.

"Ja, weißt du", begann er umständlich. "Manche Leute glauben, dass es Hausgeister gibt. Solche Wesen, die das Haus beschützen und vor Bösem bewahren. Früher war ich überzeugt, dass das alles Unsinn ist", fügte er schnell hinzu. "Aber Tante Xochitl hat mich eines Besseren belehrt."

"Wer ist denn Tante Xochitl?", fragte Philo, erfreut, den Fortgang der Geschichte zu hören. "Oh, Tante Xochitl ist eine sehr alte Freundin", antwortete der Großvater, dessen Blick einen nachdenklichen Schimmer bekam. "Ich kenne sie schon mehr als ein halbes Jahrhundert lang. Ihre Vorfahren stammen von den Azteken ab. Deshalb weiß sie bestens Bescheid über Geister, Beschwörungen und all diese Sachen."

Der Großvater stockte einen Moment. Dann sprach er weiter: "Sie kommt mich immer am Tag vor der Vollmondnacht besuchen. Es ist wirklich unglaublich, aber in den ganzen Jahren hat sie diesen Tag kein einziges Mal versäumt."

Er schmunzelte. "Na, wie dem auch sei, bei einem ihrer Besuche herrschte hier ein kleines Durcheinander."

Wie das Durcheinander ausgesehen hatte, verschwieg der Großvater. Philo bemühte sich, bei dem Gedanken an die zerschepperte Kaffeetasse ernst zu bleiben. Nur in seinen Augen blitzte es amüsiert auf. Doch das bemerkte der Großvater nicht.

"Als Tante Xochitl durch die Tür trat, überblickte sie sofort die Lage. Sie war zutiefst empört, dass ich meinen Hausgeist bisher nicht beachtet hatte. Sie verlangte, dass ich ihm auf der Stelle ein Schälchen mit Essen hinstellen sollte. Und zwar täglich, nicht nur an diesem Vormittag." Der Großvater räusperte sich. "Tja, und so habe ich es mir zur Gewohnheit gemacht, ein Schälchen mit Essen in eine Ecke des Hofes zu stellen. Schließlich kann man nie wissen, was zwischen Himmel und Erde so alles existiert."

Der Großvater machte eine Pause und wartete auf eine Reaktion seines Enkels, doch Philo schwieg. Das ermutigte den Großvater, mit vertraulicher Stimme fortzufahren.

"Einige Male habe ich bemerkt, wie so eine Art Männlein durchs Haus flitzte. Aber wie es genau aussah, kann ich nicht sagen, es ist immer so schnell an mir vorübergehuscht! Auf jeden Fall wirkte es recht vergnügt. Und das Schälchen ist auch immer leer, wenn ich es wieder hole."

Philo nickte verständig. "Klar ist das Schälchen leer", sagte er. "Schließlich hat Togo ein beachtliches

Bäuchlein. Irgendwoher muss das ja kommen." Mit diesen Worten eilte er aus der Küche.

Erstaunt blickte ihm der Großvater nach.

Woher kannte der Junge den Namen seines Hausgeistes? Er hatte gar nicht erwähnt, dass ihn Tante Xochitl so genannt hatte. War es möglich, dass Philo das Männlein bereits kennen gelernt hatte?

Aber er war doch gestern erst angekommen! Der Großvater kratzte sich nachdenklich am Kinn, während er zum Abwaschbecken ging.

Gedankenverloren griff er nach dem ersten Teller und schäumte ihn mit Spülmittel ein.

Vollkommen elektrisch!

Als Philo in den Abstellraum im Hof ging, stieß er gegen den Spaten, der in der Ecke stand. Sofort umfing ihn eine Wolke aus Staub und Putz, die ihm für einen Augenblick den Atem nahm. Doch er achtete nicht darauf. Schnell war er an der engen Öffnung und betrat, leicht gebückt, Togos Zimmer.

Noch immer brannte die kleine Öllampe und verbreitete ein schummeriges Dämmerlicht. Togo war nirgends zu sehen. Weder saß er im Schaukelstuhl noch stand er an seinem Herd. Hinter dem Herd entdeckte Philo an einem Tischlein einen Stuhl, den er am Vormittag nicht bemerkt hatte. Aber Togo war und blieb verschwunden. Wo mochte er stecken?

Schon wollte Philo das Zimmerchen verlassen, da hörte er ein Röcheln. Eigentlich war es kein Röcheln, sondern ein herzhaftes Schnarchen, das von einem gesunden Schläfer zu stammen schien. Er lauschte, um zu orten, woher das Geräusch kam. Doch merkwürdig: Es kam weder vom Boden noch aus den Ecken noch von den Wänden, sondern eindeutig von oben. Philo blickte hoch. Er entdeckte einen länglichen Kasten, von dem vier schwarze Stricke zu den Zimmerecken führten.

In den Ecken waren die Stricke, die recht zusammengeknotet wirkten, an Rädern befestigt und aufgerollt.

Als Philo die Konstruktion näher untersuchen wollte, blieb er mit der Hand in einem der Stricke hängen. Der längliche Kasten an der Decke geriet ins Schwingen. Ein Gurgeln, ein Räuspern - und in der schmalen Öffnung zwischen Decke und oberem Kastenrand erschien ein stacheliger Kopf.

"Ach, du bist es", hörte Philo Togos erfreute Stimme. "Warte, ich komme gleich herunter!"

Philo vernahm ein leises Summen, wie man es manchmal bei Kühlschränken hört. Dann begannen sich die Räder in den Ecken langsam zu drehen. Die Stricke waren gar nicht direkt am Kasten befestigt, wie der Junge angenommen hatte. Sie führten vorher über vier kleinere Rollen an der Decke. Auch diese setzten sich in Bewegung und der Kasten schwebte wie ein sanft landender Vogel vom Himmel herab. Er entpuppte sich als gemütliches Bett mit Kopfkissen und Federdecke.

Togo tat Philos erstaunter Blick sichtlich wohl. "Ja, ja", sagte er stolz, "auch wir gehen mit dem Fortschritt." Dabei sprang er von seinem Schlaf-gestell und ließ es leise summend wieder zur Decke gleiten.

"Funktioniert vollkommen elektrisch", erläuterte er fachmännisch. "Mit Kurbel wäre es einfach zu anstrengend, das Bett zu bewegen. Deshalb dachte ich mir: Leiste dir doch auch einmal etwas Elektrisches! Es ist wirklich toll, so hoch- und herunterzufahren."

Mit diesen Worten wandte er sich dem Herd zu. Doch Philo blickte noch immer auf die Stricke. Irgendwie sahen die merkwürdig aus - so zusammengestückelt. Was mochte das sein?

"Weißt du, ich hatte keine normalen Seile", sagte Togo, als hätte er seine Gedanken erraten, "Da musste ich mir ein paar Socken von deinem Großvater leihen. Die habe ich dann zerschnitten und aneinandergebunden."

Er lachte. "Es hat zwar eine Weile gedauert, bis ich sie beisammen hatte, aber mit Geduld schafft man schließlich alles, nicht wahr?"

Wie ein Drache

"Ihr habt doch schon zu Mittag gegessen?", fragte Togo. Und noch ehe Philo den Mund öffnen konnte, sauste Togo auf den Hof, um ein paar Sekunden später mit dem Schälchen des Großvaters zu erscheinen. Sofort setzte er sich an sein Tischchen und begann, das Schälchen mit gesundem Appetit zu leeren.

"Warum hast du eigentlich noch nie mit dem Großvater gesprochen?", fragte Philo, der ihm beim Essen zusah.

"Nun ja, dein Großvater ist eben ein alter Mann", antwortete Togo undeutlich, da er mit vollen Backen mampfte. "Und bei alten Männern weiß man nie so genau. Am Ende bekommt dein Großvater einen Herzinfarkt, wenn ich ihn nach seinem Bohnenrezept frage. Es kann nämlich sein, dass er mich nur als undeutlichen Schatten erträgt. Wenn ich dann als nettes Togolinchen vor ihm stehe und mit ihm eine Torte backen möchte, fällt er mir am Ende noch um." Togo grinste. "Aber was nicht ist, kann ja noch werden. Auf jeden Fall ist dein Großvater ein toller Kerl - und du bist ihm ziemlich ähnlich."

Eine Weile hörte man nur genüssliches Schmatzen. "Übrigens macht dein Großvater die besten Tortillas der Welt", schwärmte Togo, während er erneut in einen Maisfladen biss. "Und erst die schwarzen Bohnen. Mmh, was für ein Genuss." Hingebungsvoll verschlang er das Mahl, wobei ein fortwährendes "Mmh" aus seinem Bauch kam.

Mit gemischten Gefühlen beobachtete ihn Philo. Er wusste, welche Menge Chilisauce der Großvater auf die Tortillas gegeben hatte. Sogleich spürte er ein unangenehmes Gefühl im Mund. Doch Togo schien das nicht zu stören.

"Brennt es bei dir nicht?", erkundigte sich Philo schließlich.

Erschrocken blickte sich Togo im Zimmer um. "Es brennt? Wo?", fragte er, während seine Augen einen gespannten Ausdruck annahmen.

"Nein", lachte Philo, "ich meine in deinem Mund! Die Chilisauce!"

"Ach so", sagte Togo mit einem Seufzer der Erleichterung. "Natürlich brennt die Chilisauce im Mund. Aber das ist doch wunderbar prickelnd", erläuterte er. "Außerdem kann man das Feuer gut gebrauchen."

Philo hob verständnislos die Augenbrauen. Togo redete manchmal wirklich merkwürdig daher.

Wie sollte man das Feuer im Mund gut gebrauchen können?

Togo stand auf und ging in eine Ecke des Raumes. Nach kurzem Kramen kam er mit drei Kerzen zurück. Er stellte sie auf den Tisch und setzte sich wieder. Dann holte er vom Herd ein Schüsselchen, das voller Chilisauce war. Er aß einen Löffel Chilisauce - und in Philos Mund zog sich alles zusammen bei dem bloßen Gedanken an eine solche Menge dieses scharfen Zeugs! Im nächsten Moment pustete Togo los. Aus seinem Mund kam Feuer! Philo starrte fassungslos auf die Kerze, die zu brennen begann. Seelenruhig nahm Togo noch einen Löffel Chilisauce. Wieder pustete er. Und wieder kam Feuer. Die zweite Kerze brannte.

"Du kannst ja Feuer spucken!", rief Philo begeistert.

"Ja, natürlich", meinte Togo, als wäre es das Selbstverständlichste von der Welt. "Jeder mexikanische Kobold kann Feuer spucken, wenn er Chilisauce isst." Er entzündete auch die dritte Kerze.

"Wie ein Drache!", staunte Philo. "Du speist Feuer wie ein richtiger Drache!" Er konnte es einfach nicht glauben.

Togo betrachtete Philo interessiert. Warum war der Junge so aufgeregt? Das war doch nichts

Außergewöhnliches, das Feuerspucken.

Diese Menschen waren schon komisch. Die behaupteten Dinge, die es gar nicht gab. Denn eines wusste Togo sicher: "Drachen existieren nicht. Die hat jemand erfunden."

Um die Sache zu bekräftigen, nickte er schwungvoll mit dem Kopf. Doch gleich wurde sein Nicken schwächer und er zog nachdenklich die Stirn in

Falten. Wer hatte die Drachen eigentlich erfunden? Waren es die Dinosaurier? Oder die Hasen? Oder vielleicht die Nymphen?

"Ich komme jetzt nicht darauf, wer der Erfinder der Drachen ist", erklärte Togo. "Aber wie dem auch sei: Du kannst zu mir kommen, wenn du mal Feuer brauchst!"

Der rauchende Krieger

Der Großvater verstand es, sich mit kleinen Freuden das Leben zu verschönern. So setzte er sich jeden Sonntag nach dem Frühstück in den Hof und holte seine Pfeife hervor. Es war die einzige Pfeife, die er sich in der Woche gönnte, und er schätzte sie deshalb umso mehr. Umständlich stopfte er sie mit Tabak, den er in einem bunt bestickten Säckchen aufbewahrte. Anschließend verschloss er das Säckchen sorgfältig und schob es in die Hosentasche. In stiller Vorfreude verharrte der Großvater einen Moment - und zündete dann die Pfeife an.

An diesem Sonntag hatte Philo sich neben den Großvater gesetzt. Schweigend schauten sie zu, wie der Rauch aus der Enge des Hofes in die Weite des blauen Himmels stieg. Mal blies der Großvater kleine Kringel in die Luft, mal ließ er den Qualm als dünne Fäden oder dicke Wolken aus seinem Mund entweichen. Immer höher stiegen die Gebilde in die Wolken, wobei sie bald die Gestalt einer Schlange, bald eines Löwen oder einer Sphinx annahmen. Philo schaute ihnen nach, bis sie sich gänzlich auflösten.

"Meinst du, der Rauch fliegt bis zu den Wolken empor?", fragte er den Großvater, ohne den Blick vom Himmel abzuwenden. Der alte Mann sah versonnen in die blaue Weite, in der vereinzelt Schäfchenwolken dahintrieben. Es dauerte einen Moment, bevor er antwortete.

"Ich denke nicht, es ist ja keine Feuchtigkeit, die sich in den Wolken sammelt", meinte er schließlich. "Aber wer weiß, vielleicht wird er von einem starken Wind erfasst, der ihn doch empor trägt."

Wieder schwiegen sie. Der Hof, der bisher im Schatten gelegen hatte, leuchtete an einer Stelle hell auf von der hereinstrahlenden Sonne, die neugierig über eine Ecke lugte.

"Weißt du, ich habe einen Freund", hob der Großvater plötzlich zu erzählen an. "Er heißt Panchito und wohnt zwei Stunden von der Hauptstadt entfernt. Sein Haus steht am Rande eines kleinen Dorfes." Der Großvater machte eine Pause und nahm bedächtig einen Zug aus seiner Pfeife, um eine tanzende Nebelfrau in die Luft zu schicken.

"Wenn Panchito aus seinem Haus tritt, blickt er, so weit er schauen kann, auf das mexikanische Hochland. Manchmal leuchtet es in saftigem Grün, manchmal flimmert es in Staub und Hitze. Hinter dem Hochland aber sieht Panchito seinen erhabenen Wächter in die Höhe ragen: Unseren Popocatepetl."

Philo blickte den Großvater fragend an.

"Der Popocatepetl ist unser drittgrößter Vulkan. Zusammen mit dem kleineren Iztaccihuatl beherrscht er die mexikanische Hochebene", erklärte der Großvater. Dann fuhr er fort: "Jeden Morgen also, direkt nach dem Aufstehen, tritt Panchito vor das Haus, um den Popocatepetl zu begrüßen. Es ist ihm zu einer lieben Gewohnheit geworden, denn er sieht in dem Berg einen Freund, den er regelmäßig nach seinem Befinden befragt. Jede Veränderung nimmt er an ihm wahr, wie man sie an einem teuren Menschen wahrnimmt. Aber nicht nur das. Für Panchito ist der Popocatepetl auch der Herr, der über sein Leben bestimmt."

Gedankenverloren sah der Großvater auf einen kleinen Spatzen, der nicht weit entfernt gelandet war und nach Brotkrumen suchte. Der Spatz schien überzeugt zu sein, dass von einem so großen Ding wie einer Pfeife einige Krümel abfallen würden. Schließlich steckte es im Mund eines Menschen! Doch natürlich fiel kein Krümel für ihn ab.

"Eines Morgens", erzählte der Großvater weiter, "als Panchito noch im Bett lag, hörte er plötzlich ein lautes Grummeln. Es drang direkt aus dem Inneren des Vulkans. Schnell sprang er aus den Federn und rannte vor die Tür. Da sah er, wie eine ungeheure, rot schimmernde Wolke aus dem Krater aufstieg. Doch Panchito erschreckte das nicht. Im Gegenteil. Er eilte ins Haus und erschien wenig später mit seiner Zigarre. Auf der kleinen Holzbank gleich neben dem Eingang machte er es sich gemütlich und begann im Angesicht des "Rauchenden Kriegers" seine Zigarre zu rauchen. Schließlich, so meinte Panchito, würde sich der Rauch des Vulkans irgendwo in den Weiten des Universums mit dem Qualm seiner Zigarre vereinen - und vielleicht kämen sich dadurch auch ihre Seelen näher."

Der Großvater lächelte leise und nahm einen kräftigen Zug aus seiner Pfeife. Dann spitzte er den Mund und ließ den Qualm in kleinen Kringeln lustig in die Höhe tanzen.

Eine aztekische Legende

Philo liebte es, Geschichten zu hören. Er lauschte dem Großvater mit verträumtem Blick.

"Warum heißt der Vulkan "Rauchender Krieger?", wollte er nun wissen.

"Den Namen hat er von einer aztekischen Legende", sagte der Großvater und begann wieder zu erzählen: "Der Legende nach war der Berg einst ein Krieger gewesen. Er hatte sich unsterblich in die Tochter des Kaisers verliebt. Doch natürlich kann ein Krieger nicht sofort eine Kaisertochter ehelichen. Um sich zu bewähren, musste er in die Welt ziehen und sein Glück machen. Anfänglich wartete das Mädchen voller Zuversicht auf ihn. Doch die Zeit verging - und der Krieger kehrte nicht zurück. Schließlich glaubte sie, der Geliebte wäre im Kampf getötet worden. In der Überzeugung, ihn niemals wiederzusehen, starb sie an gebrochenem Herzen.

Kurze Zeit später traf der Krieger in seiner Heimat ein - und fand die tote Braut. Von Gram überwältigt legte er ihren Leichnam auf einen Berg und blieb neben ihr stehen, eine brennende Fackel in der Hand - bis in alle Ewigkeit, denn er

ist der Popocatepetl, der seine Angebetete bewacht. Diese wurde zum Vulkan Iztaccihuatl. Sein Name bedeutet soviel wie 'Schlafende Frau'. Wenn du den Vulkan von Westen aus betrachtest, ähnelt seine Silhouette wirklich einer Frau", meinte der Großvater.

"Und raucht der Popocatepetl immer noch so, als

hätte der Krieger eine brennende Fackel in der Hand?", fragte Philo.

"Nicht immer noch, man muss wohl eher sagen, schon wieder", sagte der Großvater. "Vor mehr als 200 Jahren war sein letzter großer Ausbruch. Dann ließ er lange Zeit nichts mehr von sich hören und die Bewohner der Umgebung glaubten, er wäre erloschen. Doch der Popocatepetl war nicht zur Ruhe gekommen. Vor einigen Jahren ist er nämlich aus seinem langen Schlaf erwacht - seitdem grollt und raucht er wieder."

"Das muss ich sehen", rief Philo begeistert und sprang auf.

"Komm Großvater, lass uns auf das Dach klettern, vielleicht können wir ihn von oben aus erkennen."

Der Großvater schmunzelte über die Abenteuerlust seines Enkels. Doch er musste ihn enttäuschen.

"Wir werden wohl Pech haben. Der Smog der Stadt ist leider zu stark. Zwar sind die Vulkane nur 70 Kilometer entfernt, doch die verschmutzte Luft liegt wie Nebel über der Stadt. Das Grau versperrt uns den Blick zu ihnen. Man kann sie nur sehen, wenn Wind und Regen die Luft für ein paar Stunden reinigen."

Philo ließ die Schultern hängen. Voller Unmut

stieß er mit dem Fuß gegen ein Steinchen, das vor ihm auf dem Boden lag.

Nun musste er diese stinkenden Abgase nicht nur einatmen, sondern konnte ihretwegen noch nicht einmal die Vulkane erkennen!

Kein Wunder, wenn er über die ganzen Autos und Fabriken wirklich in Wut geriet.

Ausflug ohne Ausflug

Nachdem der Großvater seine Pfeife zu Ende geraucht hatte, ging er ins Haus. Philo blickte ihm nach und überlegte: Sollte er nicht doch auf das Dach steigen? Vielleicht irrte sich der Großvater und er konnte die Umrisse der Vulkane erkennen? So viele Bücher hatte er über Feuer speiende Berge gelesen und sich immer gewünscht, sie einmal in Wirklichkeit zu sehen! Schnell stieg er die Stufen zur Dachterrasse empor und sah sich um. Doch umsonst. Die gräulich-braune Luft ließ ihn nur wenige Meter weit schauen - und von Wind und Regen war keine Spur zu entdecken. Im Gegenteil. Je mehr es auf Mittag zuging, desto heißer brannte die Sonne vom Himmel. Sie war inzwischen so weit gewandert, dass fast der ganze Hof in einem blendenden Licht lag, bei dem man die Augen zusammenkneifen musste. Der Junge meinte, die Trockenheit sogar im Mund zu spüren.

So kam Philo nicht weiter. Möglicherweise wusste Togo, wie er die Vulkane erkunden könnte. Philo nahm zwei Stufen auf einmal, als er die Treppe in den Hof hinuntersprang. Rasch lief er zur Abstellkammer und öffnete die Tür. Dann wartete er einen Moment, damit die bunten Kreise, die sich vor seinen Augen drehten, verschwanden und er im Halbdunkel etwas erkennen konnte.

"Togo, bist du da?", rief er, während er vorsichtig über die schmutzigen Spaten und Besen stieg.

"Ich bin noch da", tönte ihm freudig die Stimme Togos entgegen. "Komm doch herein, Philo."

Bevor Philo völlig in das Zimmerchen hineingekrochen war, erklärte Togo bereits: "Du hast Glück, dass Du mich triffst. Ich wollte gerade zu meinem Ausflug starten."

Er stand breitbeinig in der Mitte des Raumes und federte auf den Fußspitzen. Es schien nur noch eines leichten Anstoßes zu bedürfen, damit er losflitzte.

"Zu deinem Ausflug?", fragte Philo neugierig. Sofort waren die Vulkane vergessen! Was hatte sein neuer Freund vor? Ein Ausflug? Ob er Philo mitnehmen würde?

"Gehst du in einen Park?", erkundigte er sich. "Oder willst du jemanden besuchen?"

"Aber nein", antwortete Togo und machte eine wegwerfende Handbewegung. "Die Parks hier sind alle verdorrt und verstaubt. Abgesehen davon", sagte er mit wichtiger Miene, "kann ich das Haus nicht verlassen. Ich bin schließlich ein Hauskobold."

"Mmh", sagte Philo. "Dann willst du einen Ausflug im Haus unternehmen."

"Nein, nein", schüttelte Togo den Kopf. "Ich kann doch nicht immer nur im Haus hocken!"

Philo begriff Togo nicht recht. Er war ein Hauskobold, aber er wollte nicht im Haus bleiben!? Na, wer weiß, dachte Philo, vielleicht haben Kobolde eine andere Denkweise als wir Menschen. Also sah er abwartend zu Togo hinüber.

"Ich mache einen Ausflug ohne Ausflug", erklärte Togo. Und schaute verschmitzt, obwohl er betont unschuldig dreinblicken wollte.

"Einen Ausflug ohne Ausflug?", wiederholte Philo mechanisch die Worte. Er vergaß ganz, seinen Mund wieder zuzuklappen. Togo genoss sichtlich die Verblüffung Philos. Schließlich fand er, Philo hätte genug gezappelt. Gönnerhaft legte er ihm die Hand auf den Arm: "Philo, setz dich erst einmal. Ich kann meinen Ausflug ja noch ein wenig verschieben." Und nachdem sich Togo in seinen Schaukelstuhl geschwungen und Philo zu seinen Füßen Platz genommen hatte, meinte er: "Weißt du, die Sache ist nicht so einfach. Selbst ich wusste zu Anfang nicht, was geschehen war. Bis ich erkannte: Ich kann das Haus verlassen, ohne es wirklich zu verlassen."

Der Tetzcoco-See

Togo griff in seine Hosentasche und zog zwei Bonbons hervor. Eines reichte er Philo, das andere begann er selbst auszuwickeln. Erst drehte er die beiden Enden sorgfältig auseinander und glättete sie. Dann klappte er behutsam das Papier zur Seite, so dass das Bonbon wie auf einem Präsentierteller lag. Nachdem er es einen Moment sozusagen mit den Augen gekostet hatte, hob er das Papier zum Mund und löste die Süßigkeit vorsichtig mit den Lippen von ihrer Umwickelung. Diese Art, ein Bonbon von der ersten Sekunde an zu genießen, hatte Philo bisher nur bei seinem Großvater beobachtet. Ein Pfefferminzgeruch verbreitete sich im Raum, der Philo an gemütliche Nachmittage erinnerte. Wie Togo lutschte auch der Großvater einen Halsbonbon, wenn er von der Vergangenheit erzählte. Gespannt wartete Philo auf Togos Erklärung.

"Vor ein paar Jahren hatte ich ein merkwürdiges Erlebnis", begann Togo und senkte unmerklich die Stimme. "Nach einem ausgiebigen Tortilla-Mahl hatte ich mich in mein Bett gekuschelt, um ein wenig zu entspannen. Für einen Moment schloss

ich die Augen. Als ich sie wieder öffnete, was denkst du, was ich sah? Jahrhunderte alte Baumstämme, deren Kronen hoch in den Himmel ragten. Außerdem lag ich nicht mehr im Bett, sondern saß auf dem Waldboden, der von goldenen Sonnenfäden durchzogen war." Togo schwieg einen Moment und ließ die Worte im Raum verklingen.

"Vielleicht hast du das geträumt?", meinte Philo, der nachdenklich vor sich hinblickte.

Der Kobold lächelte leise.

"Ja, das habe ich auch erst gedacht. Doch die Sache ließ mich nicht los. Ich machte weitere Versuche - und war mir schließlich sicher: Ich hatte eine Reise ..."

"Du hattest eine Reise...?", wiederholte Philo erwartungsvoll.

"Ich hatte eine Reise ins Reich der Azteken unternommen", beendete Togo gemütlich seinen Satz.

Ein Ruck ging durch Philos Körper. "Ins Reich der Azteken?", wiederholte er ungläubig. "Du warst bei den Azteken? Aber die lebten doch vor ein paar hundert Jahren! Die gibt es heute gar nicht mehr!"

Gleich würde ihm Togo weismachen wollen, dass Zucker salzig schmeckt. Solche Reisen existierten nur in Büchern, nicht aber in der Wirklichkeit! Oder doch? Einen Moment lang fühlte Philo eine merkwürdige Leere im Kopf. Seine Gedanken drehten sich im Kreis wie in einem Karussell.

Philos Verwirrung störte Togo indessen wenig. Er hatte genug erklärt und war schon wieder mit anderen Dingen beschäftigt. Voller Energie sprang er in die Höhe und rief: "Ich habe eine tolle Idee! Wir gehen zusammen baden!"

"Was machen wir? Baden gehen?", fragte Philo in einem Ton, als wolle Togo mit ihm in brütender Hitze einen Skiausflug unternehmen. Es war nicht leicht, Togos Gedanken zu folgen, wenn sie wie Flöhe hin und her hüpften.

"Ja, natürlich", sagte Togo, der von seinem Einfall ganz begeistert war. "Du musst mich auf meinem Ausflug begleiten, das ist viel lustiger, als immer allein durch die Welt zu ziehen. Und was kann man an einem heißen Sonnentag besseres tun als baden gehen?"

Togo hatte schon recht. Draußen war ideales Badewetter. Das war aber auch alles, denn eine Badestelle war weit und breit nicht in Sicht.

"Wo könnten wir am besten baden gehen?", überlegte Togo, während er auf den gemusterten Boden seines Zimmerchens blickte. Dabei schritt er auf und ab, wobei er nach jeweils vier Schritten wendete.

"Ich denke, der Tetzcoco-See ist der schönste", verkündete er schließlich.

"Und wo ist der See?"

"Der Tetzcoco-See? Genau hier", sagte Togo und deutete auf den Boden.

"Ach so, wir schwimmen schon", stellte Philo

fest, ohne eine Miene zu verziehen.

"Nein, nein", lachte Togo. "Der Tetzcoco-See war früher an der Stelle, wo heute Mexiko-Stadt liegt." Er deutete abermals auf den Boden. "Er war also genau hier, wo wir stehen. Mitten in diesem See hatten die Azteken ihre Hauptstadt gebaut. Leider haben die Spanier die Stadt 1521 dem Erdboden gleichgemacht und den See zugeschüttet."

Betrübt schüttelte er den Kopf. "Stell dir das vor. Gäbe es den See noch, dann hätten wir heute nicht diese schrecklich trockene, verstaubte Luft, sondern immer eine feuchte Brise. Es gäbe auch keine Wasserprobleme und wir könnten überall schwimmen oder mit einem Kahn fahren." Verärgert stampfte er mit dem Fuß auf - wie so oft, wenn er über Ereignisse der Vergangenheit nachdachte.

"Die Stadt der Azteken lag mitten in einem See?", staunte Philo. "Warum hatten sie ihre Stadt denn in einem See gebaut?"

"Weil eine Gruppe von Azteken auf einer kleinen Insel mitten im Tetzcoco-See einen Adler entdeckt hatte", antwortete Togo. "Der Adler saß auf einem Feigenkaktus und verspeiste eine Schlange. Das war genau das Zeichen, das die Azteken auf ihrer Wanderschaft gesucht hatten. Zweihundert Jahre waren sie durch die Lande gezogen, um dieses

Zeichen zu finden. Schließlich wollte ihnen ihr Schutzgott Huitzilopochtli damit zu verstehen geben, dass sie den Ort erreicht hatten, an dem sie sich niederlassen sollten. Und da die Azteken auf ihre Götter hörten, bauten sie mitten im See ihre Stadt Tenochtitlan."

Togos Augen blitzten schelmisch. "Glücklicherweise haben sie den Adler nicht auf einer Eisscholle entdeckt. Sonst müssten wir jetzt in einem Gefrierfach baden."

Unternehmungslustig stupste Togo Philo in die Seite. "Also, wie sieht es aus? Hast du Lust, mit mir einen Ausflug zum Tetzcoco-See zu machen oder nicht?"

"Natürlich habe ich Lust", sagte Philo. "Aber ich bin nun einmal kein Kobold, schon gar nicht ein mexikanischer wie du. Ich kann nicht ins Reich der Azteken reisen." Missmutig warf er ein kleines Steinchen in die Luft, das er in der Hosentasche gehabt hatte, und fing es wieder auf. Dabei blies er enttäuscht die Luft durch die Nase. "Wir können also nur auf dem Hof zusammen baden. Was ohne Wasser natürlich schwierig ist."

Togo beugte sich etwas näher zu Philo und erklärte mit leicht gedämpfter Stimme: "Aber ich kann dich bei meinen Reisen mitnehmen, wenn ich möchte."

"Du kannst mich mitnehmen?", fragte Philo ungläubig. "Bei deinen Reisen zu den Azteken kannst du mich mitnehmen? Ist das wahr?" Als Togo nickte, geriet Philo in Bewegung.

"Das ist ja toll! Wirklich toll!", rief Philo und hüpfte in dem Zimmerchen aufgeregt hin und her. Was gar nicht so einfach war, schließlich musste er sich in dem niedrigen Raum ständig bücken. "Und wie machen wir das?", fragte er schließlich und blieb vor Togo stehen.

"Heute ist es zu spät", meinte Togo, der die Tür zum Hof geöffnet hatte und nach dem Stand der Sonne sah. "Aber morgen, gleich nach dem Mittagessen, komme ich in dein Zimmer. Wir müssen nur aufpassen, dass der Großvater nichts bemerkt. Wenn er uns bei unseren Reisevorbereitungen stört, klappt es vielleicht nicht."

Fünf, vier, drei, zwei, eins - Start!

Am nächsten Tag gleich nach dem Mittagessen verschwand Philo in seinem Zimmer. Der Großvater blickte ihm nachdenklich hinterher. Sonst unterhielt sich Philo gern noch ein paar Minuten, bevor der Großvater es sich in seinem Sessel bequem machte. Heute schien er jedoch mit anderen Dingen beschäftigt zu sein. Es war keine Seltenheit, dass Philo mehr in seinen Träumen und Ideen als in der Wirklichkeit lebte. In welcher Welt er wohl gerade stecken mochte? Der Großvater war neugierig, doch er wusste, dass er Geduld haben und warten musste. Wenn Philo ihn ins Vertrauen ziehen wollte, würde er schon zu ihm kommen.

Mit einem Mal fuhr der Großvater herum. War da nicht etwas hinter ihm zur Treppe gehuscht? Er kniff die Augen zusammen, um die Stufen hinaufzuschauen. Doch er konnte nichts Außergewöhnliches erkennen. Sollte er sich getäuscht haben? Er hätte schwören können, dass ein kleines Männlein an ihm vorbeigeflitzt war. Eigentlich konnte das nur Togo sein, der sich nie länger als für den Bruchteil einer Sekunde zeigte. Doch wo war er hingesaust? Etwa zu Philo? Fragen über Fragen, die in Ruhe überdacht sein wollten.

Also ging der Großvater in die Stube und ließ sich ächzend in seinen Sessel fallen. Er legte ein Bein nach dem anderen auf einen Hocker und machte mit einem entspannten Schnaufen die Augen zu.

Philo indessen saß auf seinem Bett und wartete. Da öffnete sich leise die Tür und schloss sich schnell wieder. Und schon saß Togo neben ihm auf dem Bett. "Da bin ich", sagte er vergnügt. "Na, freust du dich?"

Selbstverständlich freute sich Philo. Er konnte es gar nicht erwarten, mit Togo auf Reisen zu gehen. Allerdings hatte er auch Zweifel: War das ganze Vorhaben nicht ein Hirngespinst? Wie sollte so etwas klappen?

"Rutsch mal ein Stück, damit ich mich hinlegen kann", forderte Togo Philo auf. Dann machte er es sich neben dem Jungen bequem und seufzte wohlig: "Mmh, schön weich."

"Willst du jetzt schlafen?", fragte Philo erstaunt.

"Nein, ich liebe nur weiche Betten", murmelte Togo und blieb einen Moment reglos liegen. Philo hatte schon Angst, gleich ein lautes Schnarchen zu vernehmen. Da öffneten sich Togos Augen wieder.

"So", sagte er, "fangen wir an." Er rückte sich im

Bett noch etwas bequemer zurecht. "Die Sache ist eigentlich ganz einfach. Wir fassen uns an den Händen und schließen die Augen. Dann stellen wir uns eine kleine Wiese vor, die von Bäumen umgeben ist und am Ufer des Tetzcoco - Sees liegt. Hast du den See inzwischen gesehen?", fragte er unvermittelt.

Philo schüttelte den Kopf.

"Das habe ich mir gedacht. Schau mal, dieses Bild habe ich bei deinem Großvater gefunden. Ich dachte, für unsere Reise dürfen wir es sicher ausleihen."

Er hielt Philo eine Zeichnung hin, auf der ein ausgedehnter See zu erkennen war, in dessen Mitte sich eine mächtige Stadt erhob.

"Das dürfte reichen", meinte Togo. "Du siehst also vor deinem inneren Auge, wie du am Ufer dieses Sees liegst. Dabei musst du mit der freien Hand über deinem Bauch kreisen. Sonst klappt die Sache nicht."

Philo lachte. "Mit der Hand über dem Bauch kreisen?"

Togo nickte. "Warum es nur so funktioniert, weiß ich auch nicht. Aber als ich meinen ersten Ausflug wiederholen wollte, vergaß ich das Bauchstreichen. Und was passierte? Nichts! Ich blieb in meinem Bett. Erst als ich mich daran erinnerte, konnte ich wieder reisen."

Philo schob das Kissen unter seinem Kopf zurecht. Er war ziemlich aufgeregt, wollte es sich jedoch nicht anmerken lassen. Deshalb sagte er betont forsch: "Also los! Lass uns beginnen! Fünf, vier, drei, zwei, eins - Start!"

Togo ergriff seine Hand und schloss die Lider. Auch Philo klappte die Augen zu und begann, mit der Hand über dem Bauch zu kreisen.

Zuerst sah er nur bunte Farben und Formen, die sich unmerklich veränderten. Doch langsam nahmen sie die Gestalt einer Wiese an, die an den Ufern eines Sees lag. Immer deutlicher wurden die Bäume und Gräser, die in frischem Grün leuchteten.

Plötzlich war das Bild wie weggewischt - und Philo wurde schwarz vor Augen.

Ein Frosch

Nach einem Moment kam Philo wieder zu sich. Unsicher verharrte er mit geschlossenen Lidern. Sollte er nachschauen, wo er war? Aber was würde er tun, wenn er wirklich nicht mehr in seinem Bett lag? Mit einem Mal verwünschte er seinen Mut, mit dem er sich auf Togos Unternehmen eingelassen hatte. Doch das half nun auch nichts mehr.

Philo gab sich einen Ruck und öffnete die Augen. Er erstarrte. Direkt vor ihm breitete sich ein großer See aus, auf dessen Oberfläche die Sonnenstrahlen wie kleine Sternchen funkelten. Eine angenehme Brise wehte über das Wasser, das sich leicht kräuselte. Einzelne Vögel kreisten über dem See, andere ließen sich von den Wellen schaukeln. Staunend blieb Philos Blick in der Mitte des Sees hängen: Vor dem bergigen Horizont zeichnete sich die mächtige Silhouette einer Stadt ab. Wie ein Wunder ragten die prächtigen Gebäude und Anlagen aus den Fluten empor.

Schnell sah Philo neben sich, wo Togo gelegen hatte. Für eine Sekunde setzte sein Herzschlag aus: Der Platz neben ihm war leer! Philos Atem ging rascher, als er um sich blickte. Irgendwo musste der Kobold doch stecken.

Er konnte schließlich nur mit ihm hierher gelangt sein. Oder doch nicht?

Nervös spähte Philo in alle Richtungen. Er lag auf einer kleinen Wiese, die von Bäumen umschlossen war. Überall blühten gelbe Margeriten und Gänseblümchen, so dass die Wiese wie ein betupfter Teppich aussah. Sie erstreckte sich über einen sachten Abhang, der direkt am See endete, wo das Wasser mit leisem Plätschern gegen das Ufer schlug.

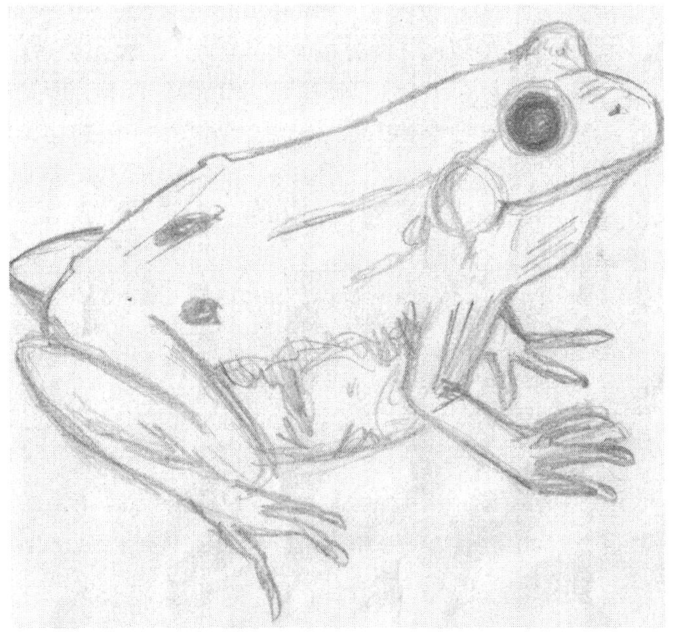

"Togo!", rief Philo mit gepresster Stimme. Er wollte nicht zu laut rufen, wer konnte schließlich wissen, ob jemand in der Nähe lauerte. Niemand antwortete, nur ein vernehmliches "Quak" ertönte direkt neben ihm. Philo achtete nicht darauf. Er hatte das Gefühl, eine Faust presse seinen Magen zusammen. Was sollte er nur tun so ganz allein? Und noch dazu an einem Ort, den er nicht kannte?

"Togo!", rief er etwas lauter, wobei seine Stimme leicht zitterte. Doch so sehr er sich auch drehte und wendete, nirgendwo regte sich eine lebendige Gestalt. Da hörte er wieder ein "Quak!", das direkt von seinen Füßen kam. Er blickte an sich herab und sah einen dicken grünen Frosch, der auf seinem Bein hockte und ihn erwartungsvoll anblickte. Angewidert zuckte Philo zusammen und schüttelte sich, so dass der Frosch in das dichte Gras hüpfen musste. Das Tier schien darüber verärgert zu sein. Aufgeregt begann es auf und ab zu springen, während es pausenlos quakte. Philo wollte den Frosch vertreiben - da hatte er plötzlich das Gefühl, als verstehe er einzelne Worte.

Und wirklich hörte er immer deutlicher, wie das Tier schimpfte: "Nun schau mich doch endlich an, Philo, und schreie nicht in der Gegend herum. Und pass besser auf, du hättest mich beinah zerquetscht mit deiner Zappelei." Der Frosch schien wirklich empört zu sein. "Na ja, ist auch egal", murmelte er vor sich hin. Und rief im nächsten Moment: "Phiiilooo, verstehst du mich endlich?"

Erstaunt sah Philo auf den Frosch: "Ja, ich verstehe dich."

"Endlich!", seufzte der Frosch erleichtert. "Ich dachte schon, du bist völlig vernebelt und erkennst mich gar nicht mehr." Er setzte sich wieder auf Philos Bein und erklärte: "Ich hatte vergessen, dir zu sagen, dass ich auf meinen Reisen immer eine andere Gestalt annehme. Warum, weiß ich auch nicht."

Philo hatte das Gefühl, als falle ihm ein zentnerschwerer Stein vom Herzen. Togo war bei ihm, er war nicht allein! Am liebsten hätte er das glitschige Tier umarmt und an seine Brust gedrückt, aber er wollte ihm natürlich nicht wehtun. Also sagte er nur: "Ich bin ja so froh, dass du da bist."

Eine neue Welt

Philo ließ sich ins Gras sinken. Er musste einen Moment tief durchatmen, um wieder zur Ruhe zu kommen. Während er in den blauen Himmel schaute, der mit ein paar Schleierwolken leicht verhangen war, bemerkte er verträumt: "Togo, es hat wirklich geklappt. Ich kann es noch immer nicht glauben."

"Ich habe es dir doch gesagt", antwortete Togo. Der Frosch, der auf seinen Bauch gesprungen war, reckte stolz den Kopf. Philo betrachtete amüsiert die neue Gestalt seines Freundes. "Du bist ganz schön grün geworden", grinste er.

So schnell, wie Togo auf seinen Bauch gehopst war, so schnell hüpfte er wieder ins Gras und rief: "Komm Philo, nun lass uns endlich baden gehen. Deshalb sind wir doch hier." Und schon näherte er sich in großen Sprüngen dem Ufer des Sees, während sein grüner Rücken ab und zu zwischen den hohen Grasbüscheln aufblitzte.

"Warte doch!", rief Philo ihm nach und wollte sich die Kleider vom Leib streifen. Erstaunt hielt er inne. Erst jetzt wurde ihm gewahr, dass er nicht mehr mit seinem gelben T-Shirt und der blauen, kurzen Hose bekleidet war, sondern mit einer Art rötlichem, durchgehendem Hemd, das den halben Oberschenkel bedeckte und in der Taille mit einem Band zusammengebunden war. An den Handgelenken trug er grüne Manschetten und an den Füßen einfache Sandalen aus gewobenen Pflanzenfasern, die mit Strippen festgebunden waren.

"Togo! Tooogo!", rief er, während er dem Frosch hinterher rannte. "Sieh nur, wie ich aussehe!" Atemlos gelangte er an das Seeufer, wo ihm der Frosch erwartungsvoll entgegensah. "Du siehst aus wie immer", meinte Togo nach einem kurzen Blick.

"Aber nein, schau dir doch meine Kleider an!"

"Ach, die Kleider meinst du", verstand Togo. "Natürlich musst du nach Art des Landes gekleidet sein. Stell dir vor, du würdest hier in Jeans und kariertem Hemd erscheinen. Die Azteken müssten glauben, du bist ein neuer Gott. Oder gar ein böser Geist!"

Nach diesen Worten sprang er ins flache Wasser. "Außerdem wollte ich dir sagen", fuhr Togo fort, " dass wir jetzt die Landessprache sprechen. Das ist wirklich ein Glück, sonst würden wir nur Bahnhof verstehen. Abgesehen davon fallen wir auf diese Weise nicht auf. Wenn du also einen

Einheimischen triffst, kannst du ruhig mit ihm reden. Er wird denken, du bist ein Junge aus Tenochtitlan."

Togo begann, im seichten Wasser, das durch den Ufersand braun verfärbt war, vergnügt zu plantschen.

"Nun komm endlich baden", forderte er Philo auf. Der zog sich aus und prüfte mit den Füßen die Temperatur des Wassers. Mit einem leichten Frösteln zog er sich für einen Moment an das Ufer zurück. Er zögerte einen kurzen Augenblick, dann warf er sich entschlossen in die Fluten, die unter dem Aufprall seines Körpers auseinander spritzten. Er machte ein paar kräftige Schwimmzüge und verließ die Schneise im Schilfgürtel, welche diese Stelle des Sees zu einer idealen Badegelegenheit machte.

Der Tetzcoco-See lag nun in all seiner Weite vor Philo. Keine überhängenden Zweige oder Schilfhalme engten seinen Blickwinkel ein. War schon der grünlich schimmernde See, der von hohen Bergen umgeben war, eindrucksvoll, so erst recht die Stadt, die sich in seiner Mitte erhob.

Die Häuser und Gärten, die sich über eine breite Fläche ausdehnten, schienen im Wasser zu schwimmen. Überall führten Promenaden und Kanäle in das Innere der Stadt. Irgendwie erinnerte

Tenotchtitlan an Venedig, doch eines gab es dort ganz sicher nicht: Eine alles beherrschende Pyramide, die im Zentrum der Stadt in den Himmel ragte.

"Schau dir nur diesen riesigen Tempel an", staunte Philo für sich. "Er liegt in der Mitte der Stadt und ist trotzdem bis hierher sichtbar." Gebannt blickte er auf das mächtige Bauwerk, das selbstbewusst seine Umgebung überstrahlte.

Plötzlich hörte Philo neben sich ein angestrengtes Schnaufen. Es war Togo, der auf ein großes Blatt kletterte, das im Wasser schwamm. "Du bist so mäuseschnell", prustete er. Es dauerte einen Moment, bevor er auf seiner schwimmenden Insel wieder zu Atem gekommen war. Dann erklärte er: "Die Pyramide ist der Templo Mayor, der Mittelpunkt der Stadt. Für die Azteken ist dieses Bauwerk das Allerheiligste, was sie haben. Es ist der Punkt, von dem aus man hinauf in den Himmel oder hinab in die Unterwelt steigen kann." Togo schwieg einen Moment und blickte auf die Hauptstadt des Aztekenreiches, die majestätisch im Wasser thronte.

"Meinst du, man kann von dort wirklich in den Himmel oder die Unterwelt klettern?", fragte Philo.

Togo antwortete nicht gleich. "Ich weiß es

nicht", meinte er schließlich. "Man könnte es ja ausprobieren. Aber weißt du, die Sache hat einen Haken oder, besser gesagt, zwei: Im Himmel würde mir ganz schön schwindelig werden, der ist einfach so hoch!" Er lachte quakend. "Und die Unterwelt ist ziemlich eng und dunkel - also auch nicht das ideale Ausflugsziel."

Unvermittelt hielt er im Lachen inne. Konzentriert blickte er vor sich hin - und schnappte mit einem Male blitzschnell zu. Genüsslich begann er zu kauen.

"Na, schmeckt es?", fragte Philo amüsiert. Doch bevor der Frosch antworten konnte, verfiel er abermals in seine konzentrierte Starre. Und schon hatte er die nächste Mücke, die seine Nase umschwirrt hatte, in seinem breiten Maul. "Mmh, lecker", murmelte er. "Fast so gut wie die Tortillas deines Großvaters." Er hätte sich gern einem ausgiebigeren Froschmahl gewidmet, doch Philo gab keine Ruhe.

"Erstaunlich", meinte er, während er mit langsamen Bewegungen im Wasser paddelte. "Da führen drei Straßen vom Ufer zur Stadt. Drei Straßen, die direkt im Wasser gebaut wurden."

"Die Dammwege führen nach Norden, Westen und Süden", quakte es neben ihm. " Nach Osten ist die Entfernung zum Ufer wahrscheinlich zu groß, sonst hätten sie sicher auch in diese Richtung eine Straße gebaut. "

Die Freunde ließen sich entspannt im Wasser treiben, ohne die Stadt aus den Augen zu lassen. Über sich sah Philo einen Vogel mit ausgebreiteten Flügeln kreisen. Plötzlich fiel der Vogel blitzschnell wie ein Pfeil ins Wasser, um im nächsten Moment mit einem Fisch im Schnabel wieder in die Lüfte zu steigen. Mit seiner Beute glitt er über eine Reihe kleiner Kanus hinweg, die überall auf den Wellen des Sees schaukelten.

Ein weiter Weg

Mit einer raschen Bewegung wandte sich Philo dem Frosch zu. "Weißt du, was wir jetzt tun?", fragte er unternehmungslustig. Und beantwortete seine Frage gleich selbst: "Wir schauen uns die Stadt aus der Nähe an!" Damit drehte er sich um und bewegte sich mit schnellen Schimmzügen auf das Ufer zu.

"Eile mit Weile", quakte es hinter ihm her. "Nicht gleich alles überstürzen. Ach, wie schön wären jetzt ein paar ruhige Minuten." Mit einem leichten Seufzer ließ sich Togo von seinem Blatt ins Wasser gleiten und steuerte ebenfalls auf das Ufer zu. Als er dort ankam, war Philo bereits angekleidet.

"Komm auf meine Schulter!", forderte er den Frosch auf und hielt ihm seine Hand hin, so dass Togo erst auf seine Hand und dann auf die Schulter springen konnte. Philos Scheu vor der neuen Umgebung war einer kribbelnden Abenteuerlust gewichen. "Wir gehen am besten in diese Richtung. So ist es nicht weit bis zur nächsten Dammstraße."

Und wirklich lief Philo nur wenige Minuten auf

einem ausgetretenen Pfad am Seeufer entlang, bis er zu der breiten Straße kam, die direkt in den See hineinführte. Zögernd betrat er den gut befestigten Weg, der rechts und links von Wasser umspült wurde. Seine Schritte, die anfänglich leicht und vorsichtig wirkten, wurden zusehends kräftiger und selbstbewusster. Die Sonne brannte vom Himmel auf sein Haupt, doch der Wind, der über den See wehte, verschaffte angenehme Kühlung.

"Ist ein wenig heiß hier, um bis zur Stadt zu spazieren", tönte es plötzlich neben ihm. Philo zuckte bei der unerwarteten Anrede leicht zusammen. Neben dem Damm schwamm ein Kanu, in dem ein junger Mann saß. Mit einem langen Paddel bewegte er das kleine Fahrzeug in Richtung Stadt.

"Willst du mitfahren?", fragte er Philo, während er langsam weiterruderte. "Dann bist du schneller."

Philo zögerte einen Moment, dann aber sprang er kurzentschlossen in das Kanu, das der Mann neben dem Damm angehalten hatte.

"Vorsicht!", quakte es leise in sein Ohr. "Ich will nicht fliegen lernen." Togo hatte sich seitlich in seinen Nacken unter seine Haare gekuschelt. Dennoch hob Philo unbewusst die Hand, um ihn vor den Blicken des Fremden zu schützen. Doch das war unnötig, denn Togo raunte ihm zu: "Er sieht mich nicht."

Lächelnd bot der Mann dem Jungen ein Plätzchen in dem schmalen Boot an. Es schien ein ausgehöhlter Baumstamm zu sein, der stromlinienförmig zurechtgeschnitten war. Am Boden stand ein Gefäß, in dem eine Vielzahl von Fischen zappelte.

Der Mann musste Fischer sein.

"Haben Sie die alle gefangen?", fragte Philo, während er die zuckenden Tiere in Augenschein nahm.

Der Mann nickte. "Aber heute war kein guter Tag. Es waren zu viele Boote auf dem See."

Nachdem er Philo gemustert hatte, wandte er den Blick wieder Richtung Tenotchtitlan. So hatte Philo Zeit, den Fischer ungestört zu betrachten.

Er hatte tiefschwarzes Haar, das ihm bis zur Schulter reichte. Um die Stirn trug er ein rotes Band, das er am Hinterkopf zusammengebunden hatte. Der Bauch war nackt, während sein Unterleib von einem blauen Stoffstreifen bedeckt war. Den Stoff hatte er durch die Beine gezogen und dann um die Hüften geschlungen, um ihn schließlich vorn zusammenzuknoten.

"Wo möchtest du genau hin?", fragte er nach einer längeren Pause.

Philo machte eine ungenaue Handbewegung Richtung Stadt, doch der Mann achtete nicht darauf.

"Na ja, ich kann dich sowieso nur bis zum ersten Kanal mitnehmen. Dann musst du laufen", sagte er mit leicht schleppender Stimme, die fast ein wenig verschlafen wirkte.

Er schien seit den frühen Morgenstunden auf dem See gewesen zu sein.

Der Fischer schwieg wieder und der Junge war froh, nichts weiter erklären zu müssen. Was hätte er auch sagen sollen, er kannte ja die Stadt nicht?

Tenochtitlan

Nach mehr als einer halben Stunde, die Philo wie Sekunden erschienen war, hatte das Kanu den Stadtrand erreicht. Es fuhr in einen Kanal hinein - und Philo glaubte plötzlich von schwimmenden Gärten umgeben zu sein. Zu beiden Seiten des schmalen Wasserweges grünte und blühte es. Es war ihm, als käme er aus der heißen, staubigen Wüste unverhofft in eine tropische Oase, die Schatten und Wasser spendete. Leuchteten an der einen Stelle farbenprächtige Blumen, so erkannte Philo gleich daneben Mais-, Bohnen- und Tomatenpflanzen.

Während er die fremdartigen Bilder in sich aufsog wie ein trockener Schwamm die Feuchtigkeit, hielt das Boot bereits an einem der Gärten. Der Fischer war an seinem Ziel angelangt. Philo bedankte sich bei ihm und kletterte aus dem Kanu. Mit wenigen Schritten durchquerte er den Garten und traf auf einen Weg, der parallel zum Kanal in die Stadt hineinführte.

Langsam lief Philo Richtung Stadtzentrum, wo die massive Pyramide, der Mittelpunkt des Aztekenreiches, mit jedem Schritt erhabener in

die Höhe ragte. Doch das bemerkte Philo nur flüchtig. Ihn fesselte seine nähere Umgebung.

Die Landflächen, die systematisch angeordnet waren, sahen wirklich wie schwimmende Gärten aus. Die einzelnen Parzellen waren jeweils auf der einen Seite durch einen Kanal und auf der anderen Seite durch einen Fußweg vom nächsten Feld abgegrenzt. Überall blinkten Blumen und Früchte zwischen dem satten Grün hervor. In Abständen schlug ihm der leckere Duft von Nektar entgegen.

Wie hatten die Azteken diese Gärten nur angelegt? Schwammen sie wirklich auf dem Wasser oder waren sie Ausläufer der Insel, auf der die Azteken den Adler mit der Schlange entdeckt hatten?

"Es ist gar nicht so schwierig, solche Gärten zu schaffen", sagte Togo plötzlich. Konnte er in Philos Gedanken wie in einem offenen Buch lesen? Oder war es Zufall, dass er immer von dem sprach, was ihn beschäftigte?

"An seichten Stellen des Sees", fuhr der Frosch fort, "haben die Azteken einfach Schlamm- und Pflanzenschichten abwechselnd übereinandergelagert und durch Pfähle und Wurzeln von Weidenbäumen gesichert."

Philos Blick glitt von den Wurzeln der Bäume bis zu ihrem saftigen Blätterdach hinauf, das leise im Wind rauschte. Auf den Zweigen wimmelte es von blau-schwarzen, aber auch bunten Vögeln mit roten Köpfchen, die ihr fröhliches Zwitschern und Trällern ertönen ließen. Sie schienen zu bestätigen, wie einfach solch ein blühendes Paradies zu schaffen sei.

Philo kam an einfachen Häusern vorbei, in denen offensichtlich das niedere Volk und die Armen lebten. Mit sparsamen Mitteln waren die Unterkünfte aus Lehmziegeln gebaut und um einen zentralen Innenhof angelegt. Andere Bewohner hatten für ihre Behausungen lehmverputztes Flechtwerk, Holzplanken oder Stein verwendet. Je weiter Philo in das Innere der Stadt vordrang, desto prächtiger wurden die Gebäude. Die Paläste der Adligen, deren Fassaden reiche Ornamente und vielfarbige Figuren zierten, schimmerten in der Sonne. Goldener Schmuck, der Wände und Türen verkleidete, blendete immer wieder das Auge. Philo konnte Höfe, Gärten und Teiche erkennen. In einem besonders auffälligen Palast schien es gar ein Vogelhaus und einen Zoo zu geben.

Philo begegnete Menschen, die mit Umhängen und Röcken in dunkleren Farben bekleidet waren. Geschäftig gingen sie ihres Weges. Andere Bewohner gaben sich durch leuchtende Gewänder und reichen Schmuck als Adlige zu erkennen. Naturdarstellungen oder geometrische Figuren, aber auch eingewobene Federn, Gold- oder Muschelplättchen und Jadeperlen ließen ihre Stoffe prunkvoll schillern.

Mit der Zeit wurden die Alleen breiter und voller. Immer mehr Menschen eilten Philo entgegen und bahnten sich einen Weg durch die Menge.

Philo versuchte, sich unauffällig an den Seiten der Straßen zu halten, um das fremde Leben ungestört betrachten zu können. Seine anfängliche Angst, als Junge einer fernen Zeit erkannt zu werden, war von ihm gewichen. Niemand beachtete ihn, denn er sah wie ein Kind aus Tenochtitlan aus. In aller Ruhe konnte er diese Welt erkunden, ohne den prüfenden Blicken der Passanten ausgesetzt zu sein. Langsam schwoll das Stimmengewirr an - die Luft summte wie in einem Bienenstock. In einiger Entfernung erkannte Philo einen großen Platz, der voller Menschen war. Scheinbar ein Markt, denn Philo hörte die Schreie einzelner Verkäufer, die ihre Waren anpriesen.

Der Mann mit dem Hund

Plötzlich vernahm Philo ein Geräusch, das nicht recht in das allgemeine, sorglose Gemurmel passte. Suchend schaute er um sich. Da sah er im Schatten eines kleinen, unscheinbaren Hauses einen Jungen sitzen. Er hockte auf den Stufen, die zur Eingangstür hinaufführten und hielt den Kopf gesenkt. Während er mit einem Stock in den trockenen Sand kritzelte, wurde sein Körper ab und zu leicht geschüttelt. Philo hörte ein leises Schluchzen, das von dem Jungen kam.

Warum weinte der Junge so trostlos vor sich hin? Hatte er Ärger mit seinen Eltern? Vielleicht hatte der Vater ihm verboten, an einem Ausflug oder einer Jagd teilzunehmen, weil er noch zu klein war? Philo wusste, wie wütend und traurig es machte, von den Erwachsenen ausgeschlossen zu werden, weil man angeblich nicht alt genug war. Der Junge könnte natürlich auch Probleme in der Schule haben. Quälten ihn die Mitschüler mit Gemeinheiten?

Er erinnerte sich an die vielen Boshaftigkeiten seiner Klassenkameraden. Oft hatten sie "Philo Schwein geht allein" hinter ihm hergesungen, weil er ohne sie in Ruhe über den Schulhof spazieren wollte.

Voller Mitleid betrachtete Philo den Jungen, der nicht älter als er selbst sein mochte. Sollte er ihn ansprechen? Aber wie konnte er ihn in ein Gespräch verwickeln, ohne sich selbst zu verraten? Unschlüssig setzte er einen Fuß vor den anderen.

Philo hatte das Haus mit dem Jungen schon ein ganzes Stück hinter sich gelassen, da blieb sein Blick an einem Mann hängen, der einige Schritte vor ihm lief. Vielleicht, weil auch der Mann sich wie Philo an den Straßenrändern und Häuserwänden entlang bewegte. Er war barfuß und hatte, wie der Fischer im Boot, seine Hüften mit einem langen Stoffstreifen umhüllt. An einer Leine zog er einen grauen Hund hinter sich her, der ihm nur widerstrebend folgte. Irgendwie sah der Hund, der etwas kleiner als ein Schäferhund war, merkwürdig aus. Doch Philo brauchte einen Moment, um zu erkennen, woran das lag: Der Hund hatte keine Haare, sondern glatte Haut. Man konnte glauben, er wäre aus Ton geformt.

Interessiert folgte Philo dem merkwürdigen Paar, das in der fröhlichen Umgebung irgendwie fremdartig wirkte. Immer wieder wandte der Mann den Kopf und blickte finster auf das Tier, das hinter ihm hertrottete. Zwischen den Augen des Mannes war eine steile Falte, die seinem Gesicht ein böses Aussehen verlieh. Ruckartig zog er jedes Mal an der Leine, sobald der Hund langsamer lief oder stehen blieb.

So gelangte er auf den Markt. Überall wimmelte es von Menschen, so dass es zusehends schwieriger wurde, vorwärts zu kommen. Zwischen den Ständen und Auslagen ballten sich Käufer und Schaulustige und versperrten die Wege.

"Knackiger Mais! Saftige Tomaten! Knackiger Mais! Saftige Tomaten!", tönte es von der einen Seite.

"Frisches Schlangenfleisch! Kauft frisches Schlaaangenfleisch! Heute besonders schmackhaaaaft!", rief jemand von einer anderen Ecke.

Der Mann mit dem Hund hatte kein Auge für den Trubel, der um ihn wogte. Schnell versuchte er den Markt zu überqueren, doch immer wieder stockte sein Schritt. Entweder hatten die Käufer eine Mauer gebildet, um die Waren an einem Stand genauer zu prüfen. Oder der Hund blieb stehen und weigerte sich weiterzulaufen.

Philo warf ab und zu einen Blick auf die bunten Auslagen und folgte dabei dem finsteren Mann und seinem Tier. Eine Art Jagdfieber hatte ihn gepackt. Es war wie ein Zwang, der ihn, ob er wollte oder nicht, weiter hinter dem Paar hertrieb.

"Warum rennst du eigentlich so", quakte es plötzlich an seinem Ohr. "Wollen wir uns nicht ein wenig umschauen? Sieh doch nur, was es hier alles zu kaufen gibt."

"Ja, ja, gleich", murmelte Philo, ohne langsamer zu werden.

"Was hast du nur? Musst du zu einer dringenden Verabredung?" Togo konnte nicht begreifen, warum Philo den Marktplatz so achtlos überquerte.

"Ich will nur wissen, wohin der Mann mit dem Hund geht. Schau doch, wie böse er vor sich hinstarrt."

Togo sprang von Philos Schulter auf dessen Kopf, um eine bessere Aussicht zu haben. "Du hast Recht, der Hund scheint ihn geärgert zu haben."

Plötzlich lachte Togo. "Sieh doch nur, der Hund hat seinen Pullover verloren." Dann wurde er ernster. "Irgendwie sehen die Hunde komisch aus so ganz ohne Fell, findest du nicht?"

"Hat man ihnen das Fell geschoren?"

"Nein, nein! Bei den Azteken gibt es eine Hunderasse, die so aussieht. Übrigens sind die Hunde neben den Truthähnen die einzigen Tiere, die von den Azteken als Haustiere gehalten werden."

Philo wollte etwas sagen, da sah er, wie der Mann

zwischen den Schaulustigen zu verschwinden drohte. Schnell schlüpfte er an den Männern und Frauen vorbei, die sich in einem langsamen Strom vorwärtsbewegten. Immer wieder verdeckten ihm Rücken, Röcke oder Köpfe die Sicht, bis der Mann aus seinem Blickfeld verschwand. Schon glaubte Philo ihn für immer verloren zu haben, da tauchte er am Rande eines Holzgestells wieder auf. Eilig zog er den Hund hinter den Verschlag.

Philo rannte hinter ihm her und schlüpfte gleichfalls um die Ecke. Verblüfft blieb er stehen. Weder der Mann noch der Hund waren irgendwo zu entdecken. Stattdessen lag vor Philo ein Wassergraben, der sich am Rande des Marktes entlang zog. Hinter dem Graben erhob sich eine hohe, graubraune Mauer, die weder rechts noch links einen Durchgang hatte. Sollte er sich geirrt haben und der Mann hatte gar nicht diesen Weg genommen?

An einer Stelle des Grabens lag ein Holzbrett, so dass Philo das Wasser vorsichtig überqueren konnte. Unschlüssig ging er an der Mauer entlang. Festgefügt lagen die Steine übereinander und bildeten eine undurchdringliche Absperrung. Da entdeckte Philo nahe am Boden ein paar lose Lehmziegel, die locker in die Mauer geschoben waren. Vorsichtig entfernte er sie. Plötzlich war ein Loch in der Wand, durch das er bequem hindurchkriechen konnte!

Der Tempelbezirk

Auf der anderen Seite der Mauer bot sich ein Bild, das Philo nicht erwartet hatte: Vor ihm breitete sich der Tempelbezirk von Tenochtitlan aus.

Groß und erhaben lag der riesige Platz im Schein der Nachmittagssonne, welche die Pyramiden in all ihrem Glanz erstrahlen ließ. Majestätisch erhoben sich die monumentalen Bauwerke, die einer anderen Welt anzugehören schienen. Ein Eindruck, der durch die Ruhe noch verstärkt wurde, die nach dem lauten Markttreiben plötzlich herrschte. Philo glaubte, nach einem wilden Sturm unvermutet in eine Windstille geraten zu sein.

Nur wenige Menschen liefen über die ausgedehnte Fläche des Tempelbezirkes. Unter ihnen entdeckte Philo den Mann mit dem Hund. Mit raschen Schritten eilte er auf den Templo Mayor, die Hauptpyramide im Zentrum der heiligen Stätte, zu.

Philo folgte ihm unauffällig. Er schritt über den Steinboden, der mit mannsgroßen Quadraten gemustert war, und passierte eine kleine Pyramide, in deren Wände Adlerköpfe eingehauen waren. Überall leuchteten ihm rote, gelbe, grüne oder blaue Malereien entgegen, die die Gebäude kunstvoll verzierten.

An verschiedenen Stellen sah er Feuergefäße, in denen Flammen emporschlugen. An anderer Stelle qualmte und rauchte es.

"Sieh nur, da bin ja ich nochmal, die Figur dort!", rief Togo. Irritiert blickte Philo sich um. Sollten die Azteken einen Kobold wie Togo gekannt und verehrt haben? Oder lebte Togo schon so lange, dass im Tempelbezirk ein Abbild von ihm existierte? Doch so sehr Philo auch suchte, er konnte eine Figur, die wie Togo aussah, nirgends entdecken.

"Ich bin wirklich gut getroffen", lachte Togo und hüpfte von Philos Schulter auf den Boden hinab. Schnell sprang er auf einen kleinen Altar zu - und landete direkt auf dem Kopf eines Steinfrosches, der sein Haupt hoch in die Luft reckte.

"Na sag mal, du bist ja ganz blau", grinste Philo. "Hast du etwa zu viel Alkohol getrunken?"

Er näherte sich den blauen Fröschen, die den Altar des Regengottes Tlaloc dekorierten. Die Tiere galten als Symbole der Wasserwelt. Gerade wollte er sie näher in Augenschein nehmen, da bemerkte er, wie der Mann mit dem Hund hinter dem Templo Mayor verschwand.

"Schnell, Togo, sonst verlieren wir den Mann noch", rief er dem Frosch zu. Behände sprang dieser auf Philos Schulter und der rannte mit ihm auf den Haupttempel zu.

Trotz der Eile konnte sich Philo der fremdartigen Schönheit der riesigen Pyramide nicht entziehen, die unter den schräg einfallenden Sonnenstrahlen glänzte, als wäre sie mit Gold überzogen. Der Templo Mayor war dem Regengott Tlaloc und der Sonnengottheit Huitzilopochtli, dem Schutzgott der Azteken, geweiht. Deshalb hatte man auf der oberen Plattform des Bauwerkes nebeneinander zwei kleine Tempel errichtet. Der eine leuchtete in kühlem Blau, der andere in flammendem Rot. Mehr als einhundert Stufen musste man erklimmen, um vor den Weihestätten auszuruhen.

Gern hätte Philo die Hauptpyramide der Azteken bestiegen. Von oben genoss man sicher einen atemberaubenden Ausblick auf die Stadt, den See und die Berge der Umgebung. Doch wahrscheinlich hätte er damit gegen Rituale und Vorschriften verstoßen und am Ende gar eine Gottheit geschändet. Gut möglich, dass ihn die Azteken dann in eine Höhle sperren oder einem ihrer Götter opfern würden!

Schnell rannte er an der Seitenfront der Pyramide entlang und gelangte zu ihrer Rückwand, an der er einen Moment verschnaufen musste. Wo steckte der Mann mit dem Hund? Weit und breit war niemand zu sehen. Nicht einmal ein Vogel hüpfte über die heißen Steine, die von eingeritzten Wellenlinien übersät waren.

Philo blickte um die nächste Ecke der Pyramide und umrundete einen kleineren Tempel, der im Schatten seines mächtigen Nachbartempels ruhte. Doch umsonst! Der Mann und der Hund blieben verschwunden.

Philo war enttäuscht. Gleichzeitig spürte er eine Mattheit, die seine Glieder träge und schwer machte. Mit einem Male wurde ihm die Sinnlosigkeit seines Tuns bewusst. Er konnte gar nicht verstehen, weshalb er dem Mann mit solchem Eifer gefolgt war. Noch weniger konnte er allerdings verstehen, weshalb er jetzt traurig war, nur weil er ihn verloren hatte.

"Lass uns zurückgehen", sagte er zu Togo. Verstimmt wandte er sich in die Richtung, aus der sie gekommen waren.

"Oh ja!", freute sich Togo, der auf Philos Schulter auf und ab hüpfte. Von Müdigkeit war bei ihm nichts zu spüren. "Wir wollen den Markt anschauen. Vielleicht gibt es dort ein paar fette Mücken, die schon auf mich warten."

Von Kakaobohnen und Falschmünzern

Nach wenigen Minuten hatte Philo die Mauer erreicht, durch die er vor kurzem gekrochen war. Schon wollte er das Loch in der Wand suchen, da entdeckte er in einiger Entfernung ein Tor, durch das man den Tempelbezirk bequem verlassen konnte. Er überquerte eine Brücke - und stand wieder mitten auf dem Marktplatz.

Die Luft schwirrte nur so von Gemurmel, lauten Gesprächen und Rufen. Philo brauchte einen Moment, um sich an den Lärm zu gewöhnen. Nach der Ruhe fraß er sich schmerzhaft in die Ohren. Doch schnell wurde Philos Aufmerksamkeit von den Händlern mit ihrem reichhaltigen, exotischen Warenangebot gefangen genommen.

Ein Mann hatte auf einem Tuch am Boden verschiedene Federn ausgebreitet, die rot, gelb oder blau schimmerten. Daneben lag kunstvoll gefertigter Federschmuck, der bei den Azteken sehr beliebt zu sein schien. Ein anderer Mann pries Stoffe und schöne Kürbisflaschen an, die er an seinem Holzstand aufgereiht hatte. Wieder ein anderer Verkäufer saß mit gekreuzten Beinen hinter fünf Jaguarfellen.

Philo betrachtete ehrfürchtig die Jagdtrophäen. Hatte der Mann, der hinter den Fellen hockte, all die Tiere selbst erlegt? Ungläubig sah Philo auf die schmale und nicht sehr kräftige Gestalt des Mannes. Doch sein energischer, durchdringender Blick ließ keinen Zweifel: Der Mann hatte den Raubtieren Auge in Auge gegenüber gestanden, als sie sich angriffsbereit duckten. War er zurückgeschreckt, als die Tiere geschmeidig hochschnellten, um an seine Kehle zu springen? Die gefleckten Felle ließen Philo die Gefahr fast körperlich spüren, so dass er unwillkürlich den Atem anhielt.

Am nächsten Stand bot eine Frau Chilis und Magueyhonig feil. Gerade war eine ältere Aztekin zu ihr getreten, die bereits einen schweren Korb trug. Sie verlangte eine Handvoll Chilis, während sie in ihrem randvoll gefüllten Korb kramte. Nach einigem Suchen zog sie ein paar braune Bohnen hervor, die sie der Verkäuferin im Tausch gegen die Chilis gab. Diese legte die Bohnen in eine kleine Schachtel und die ältere Frau zog ihres Weges. "Was war denn das?", flüsterte Philo dem Frosch leise zu.

"Natürlich Kakaobohnen", trompetete Togo munter. "Wusstest du denn nicht, dass Kakaobohnen für die Azteken so eine Art kleines Wechselgeld sind?"

"Nein", sagte Philo, während er die Stimme noch immer dämpfte. Eindringlich fügte er hinzu: "Schrei bitte nicht so! Dich soll doch niemand hören!"

"Keine Angst, Philo, mich kann auch bei den Azteken niemand hören oder sehen. Es ist wie zu deiner Zeit - die Menschen erkennen nur, was sie erkennen wollen oder bereits kennen."

Die Umgebung bestätigte Togos Worte. Die Passanten, die an Philo vorbeiliefen, hatten nicht einmal aufgeschaut, als der Frosch sprach. Philo war beruhigt. "Bezahlen die Azteken alle Waren mit Kakaobohnen?", nahm der Junge den alten Gesprächsfaden wieder auf.

"Nein, eigentlich werden viele Produkte getauscht. Wer aber keine Waren zum Tauschen hat, kann mit Kakaobohnen bezahlen. Für eine Kakaobohne erhält man eine große Tomate und für drei Kakaobohnen ein Putenei oder eine frisch geerntete Avocado. Mit dreißig Kakaobohnen kann man sogar ein kleines Kaninchen kaufen."

In diesem Moment sah Philo, wie ein Mann einen kräftigen Puter über seinen Verkaufstisch schob. Eine junge Frau packte den Vogel und reichte dem Verkäufer einen weißen Baumwollumhang. Wenig später entdeckte Philo auch an anderen Ständen weiße Baumwollumhänge.

"Die Azteken mögen diese Umhänge wohl sehr", stellte er fest.

"Große weiße Baumwollumhänge sind auch eine Art Währung", bemerkte Togo. "Übrigens ist dieses Zahlungsmittel viel hochwertiger als Kakaobohnen. Lass mich einmal überlegen: Ich glaube, ein Umhang ist zwischen 65 und 300 Kakaobohnen wert."

Togo schwieg einen Moment. Dann stieß er eine Seufzer aus: "Je mehr ich über diese Kakaobohnen nachdenke, desto mehr Appetit bekomme ich auf eine schöne, heiße Schokolade. Stell dir vor: Wir beide sitzen vor einer dampfenden Tasse, die diese köstliche braune Flüssigkeit enthält." Togo schien die heiße Schokolade förmlich schmecken zu können. Philo erwartete, im nächsten Moment den Speichel aus dem Froschmaul tropfen zu sehen, der sich bei dem Gedanken an das aromareiche Getränk angesammelt hatte.

"Erzähle nur nicht weiter, mir läuft auch schon das Wasser im Mund zusammen!", lachte er. Sehnsüchtig betrachtete er die Kakaobohnen, die eine Frau gerade einem Händler zuschob. "Ich habe eine Idee: Wir besorgen uns einfach ein paar Kakaobohnen. Vielleicht können wir uns daraus eine Schokolade zaubern."

"Bloß nicht, bloß nicht", winkte Togo erschrocken ab.

"Am Ende werden wir als Gelddiebe entlarvt. Wer würde uns schon glauben, dass wir nur einen einfachen Kakao trinken wollten. Die Azteken kämen gar auf den Gedanken, dass wir die Kakaobohnen fälschen wollten."

"Kakaobohnen fälschen?", grinste Philo bei Togos Worten, "Kakaobohnen sind doch kein Papiergeld und keine Münzen, die man fälschen kann."

"Kann man!", triumphierte Togo. "Es gibt auch bei den Azteken Falschmünzer! Sie entfernen die Schokolade aus dem Inneren der Schale und ersetzen sie durch Sand oder gemahlene Avocadokerne."

Philo schmunzelte: "Am Ende gibt es auch Banken, wo man seine Kakaobohnen auf ein Konto einzahlen kann." In seinen Augen blitzte es übermütig auf. "Und wo eine Bank steht, ist natürlich auch ein Bankräuber nicht weit. Was würde dann in der nächsten Zeitungsschlagzeile stehen? Der Kakaobohnenräuber hat wieder zugeschlagen!"

Der verschwundene Hund

Die Gefährten plauderten angeregt. So merkten sie gar nicht, dass sie den Marktplatz bereits hinter sich gelassen hatten. Plötzlich drang ein Geräusch an Philos Ohr, das ihm bekannt vorkam. Er blickte auf und sah wieder den Jungen, der auf den Stufen vor seinem Haus saß. Und noch immer weinte der Junge!

Nun konnte Philo sich nicht länger beherrschen. Er trat auf ihn zu und setzte sich ruhig neben ihn. Für einen Moment schaute der Junge auf. Doch dann kritzelte er mit seinem Stock wieder im Sand und beachtete ihn nicht weiter.

"Warum weinst du?", fragte Philo nach längerem Schweigen.

Erst reagierte das Kind nicht. Dann murmelte es ein undeutliches "Ach", ohne den Kopf zu heben, und verstummte abermals. Angestrengt starrte es auf die Hügel und Täler, die der Stock hinterlassen hatte. Auch Philo betrachtete die Striche, die der Junge in den Sand gemalt hatte.

Nach einigen Minuten fragte Philo teilnahmsvoll: "Hat dich jemand geärgert? Oder tut dir etwas weh? Vielleicht kann ich dir helfen."

Nach einer Pause fügte er nachdenklich hinzu: "Manchmal haben andere gute Ideen. Ein Freund hat mir einmal bei einer Sache geholfen, bei der ich sicher war, dass es keinen Ausweg gibt."

Der Junge, dessen Körper immer wieder von Schluchzern erschüttert wurde, beruhigte sich langsam. Aus den dunklen Augen, in denen Tränen schwammen, sah er Philo schließlich an und erklärte: "Es ist wegen meines Hundes. Er ist seit heute Vormittag verschwunden. Vater und Mutter sagen zwar, dass er zurückkommen wird. Aber ich weiß, dass er nicht freiwillig weggerannt ist. Das würde er nie tun."

Schon wollte er den Kopf wieder senken und in sich hineinkriechen, da schärfte sich unvermittelt der Ausdruck in seinen Augen und sein Körper straffte sich. Neugierig blickte er auf Philos Schulter: "Wie schaffst du es eigentlich, dass dein Frosch so ruhig dort sitzen bleibt?"

Philo schaute ihn verblüfft an. "Kannst du den Frosch etwa sehen?" Auch Togo ließ ein erstauntes "Oh!" hören, das allerdings nur Philo vernahm.

"Natürlich kann ich deinen Frosch sehen. Er sitzt doch auf deiner Schulter", antwortete der Junge verständnislos. "Ah, ja", sagte Philo gedehnt. Und um keine Erklärungen abgeben zu müssen, fragte er: "Wie sieht denn dein Hund aus?"

Sofort vergaß der Junge den Frosch wieder und sprang auf. "Mein Chichi reicht mir bis hier", erklärte er, während er seine ausgestreckte Hand an die Hüfte hielt. "Er ist ganz grau."

"Ganz grau", wiederholte Philo. Merkwürdig, dass der Hund des Mannes, den er verfolgt hatte, ebenfalls grau war. Vor sich sah er das widerstrebende Tier, das der Mann mit Gewalt fortziehen musste.

"Vielleicht hat er nur einen kleinen Ausflug gemacht", meinte er nicht sehr überzeugt.

"Er hat keinen kleinen Ausflug gemacht", widersprach der Junge heftig. "Ich kenne Chichi genau. So etwas tut er nicht."

Seine Augen füllten sich wieder mit Tränen.

Mit halberstickter Stimme schluchzte er: "Ausserdem soll er doch den Großvater begleiten. Was soll der Großvater nur tun, wenn er nicht rechtzeitig zurückkehrt?" Und die Tränen begannen, wie kleine silberne Perlen unaufhaltsam über seine Wangen zu rollen.

"Vielleicht findet der Großvater jemand anderen, der ihn begleitet", versuchte Philo den Knaben zu trösten. Doch dieser schüttelte stumm den Kopf.

"Wohin soll Chichi denn mit deinem Großvater gehen?", fragte er weiter.

"Nach Mictlan", presste der Junge hervor und kauerte sich wieder auf die Stufen.

"Ist das sehr weit?", forschte Philo ahnungslos. Der Junge antwortete nicht.

Da konnte sich Togo nicht länger beherrschen.

Mit einem großen Satz landete er auf Philos Knie und sagte mit leichtem Vorwurf in der Stimme: "Aber Philo, Mictlan ist doch die Unterwelt der Azteken. Das Reich der Toten sozusagen." Er reckte den Kopf in die Höhe, wie er es gern tat, wenn er etwas erklärte. "Dorthin kommen alle, die eines normalen Todes sterben. Und damit die Toten Mictlan wirklich erreichen, werden sie von Hunden begleitet, die sie führen und beschützen."

Philo senkte verschämt den Kopf. Er hatte tatsächlich gedacht, Mictlan sei ein Dorf oder eine Stadt, die in der Nähe liegen. Doch ihm blieb keine Zeit, sich für den Irrtum zu entschuldigen. Denn der Junge war abermals aufgesprungen und starrte fassungslos auf Togo.

"Der Frosch kann sprechen? So etwas habe ich ja noch nie erlebt!" Vor lauter Staunen blieb ihm für eine Sekunde der Mund offen stehen. "Hat er eben wirklich etwas gesagt, oder habe ich mir das eingebildet?" Philo nickte und Togo krähte vergnügt: "Natürlich habe ich gesprochen. Ich bin schließlich kein gewöhnlicher Wasserpatscher."

Der Junge sah auf Togo und brachte kein Wort hervor. Man sah ihm förmlich an, wie die Gedanken in seinem Kopf durcheinanderwirbelten und er nicht wusste, was er zuerst fragen sollte.

"Er ist wirklich kein gewöhnlicher Frosch!", bestätigte Philo.

"Und ich bin auch kein Junge aus Tenochtitlan", fügte er spontan hinzu.

Eigentlich hatte er mit niemandem von seiner Reise sprechen wollen. Doch plötzlich packte ihn eine unbändige Lust, dem Jungen die ganze Geschichte zu erzählen: Wie er mit dem Flugzeug den Atlantik überquert und den Großvater besucht hatte. Wie er Togo kennen gelernt hatte und sie schließlich in die Vergangenheit gereist waren.

Der Junge hörte ihm atemlos zu. Vor Aufregung bekam er knallrote Ohren und stieß ein um das andere Mal "Oh!", "Was?" oder "Nein!" hervor.

Die Geschichte hörte sich gar zu abenteuerlich an und musste für einen Aztekenjungen unfassbar sein. Denn er erfuhr nicht nur etwas über einen Kobold und seine Ausflüge, sondern hörte auch von einer riesigen Stadt und Gestellen, die sich auf Rädern vorwärts bewegten. Als Azteke kannte er jedoch nicht einmal Räder! Wie sollte er da an Gebilde glauben, die ohne Muskelkraft Menschen und Gegenstände von einem Ort zum anderen bringen?

Ganz zu schweigen von den Dingern, die wie Vögel durch die Lüfte fliegen konnten! Doch so phantastisch alles klang, eines war nicht zu leugnen: Vor dem Knaben saß ein Frosch, der sprechen konnte. Und das allein war schon unwahrscheinlich genug. Warum sollte die Erzählung also nicht stimmen?

Nachdenklich sah der Junge Philo und Togo an, ohne sie wirklich zu sehen. Das Gehörte ließ seinen Kopf summen wie einen Bienenstock. Es dauerte einen Moment, bis er sich besann und Philo klar anblickte. "Einfach unglaublich!", meinte er, während er die Gäste aus der Zukunft mit einer Mischung aus Neugier und Bewunderung betrachtete. "Habt ihr ein Glück! So etwas würde ich auch gern erleben!" Forschend glitten seine Augen über Philos Gestalt. "Dabei hätte ich schwören können, dass du einer von uns bist!" Er konnte keinen Unterschied zwischen Philo und den Jungen seiner Stadt erkennen. Togo hatte also recht, Philo war ganz nach Art der Azteken gekleidet und frisiert.

"Wie lange bleibt ihr eigentlich hier?", erkundigte sich der Junge. "Und was wollt ihr jetzt machen? Wie gefällt euch überhaupt unsere Stadt?"

"So viele Fragen!", lachte Philo. "Da weiß ich gar nicht, wo ich anfangen soll!" Er streckte ihm die

Hand entgegen. "Bevor wir weiterreden: Ich bin Philo."

"Ich heiße Tizoc", antwortete der Aztekenjunge und schlug ein.

"Und mich darfst du Togo nennen", sagte der Frosch fröhlich und sprang auf Tizocs Knie, um sich den neuen Freund aus der Nähe zu betrachten.

Nächtliche Unternehmungen

Die Freunde redeten und redeten, so dass sie gar nicht bemerkten, wie die Häuser und Bäume langsam ihre kräftigen Farben verloren. Graue Schatten nahmen die Straßen und Plätze unmerklich in ihren Besitz. Der Himmel strahlte nicht mehr in tiefem Blau, sondern war in ein gedämpftes rötliches Licht getaucht. Nur noch wenige Menschen eilten an ihnen vorüber.

Jetzt erst sah Tizoc, wie spät es war. Schnell sprang er auf. Es war Essenszeit und er wollte die Eltern nicht warten lassen. In diesem Moment fiel Philo wieder der Mann mit dem Hund ein. Während der Unterhaltung hatte er Chichi ganz vergessen. In wenigen Sätzen erzählte er Tizoc, was er beobachtet hatte.

"Und der Hund war wirklich grau?", fragte der neue Freund aufgeregt. "War er etwa so groß?" Er hielt die Hand an seine Hüfte.

"Ich denke ja", meinte Philo nach kurzer Überlegung. "Was meinst du, Togo?" Auch der Frosch nickte mit dem Kopf.

"Könnt ihr mir zeigen, bis wohin ihr ihn verfolgt habt?" Ungeduldig trat Tizoc von einem Bein auf das andere, während er auf Philos Antwort wartete.

"Natürlich können wir das."

"Dann müssen wir unbedingt heute Nacht dorthin gehen." Aus Tizocs Mund sprudelten nur so die Worte. "Nach dem Abendessen verabschiede ich mich immer von meinen Eltern und gehe in den Schlafraum. Dort spiele ich meist ein wenig und schlafe dann ein. Heute werde ich mich jedoch schlafend stellen und aus dem Haus schleichen. Das wird etwa in einer Stunde sein. Wir treffen uns dann an der nächsten Straßenecke. Ist das in Ordnung für euch?", fragte er gespannt. Am liebsten wäre er sofort losgestürmt, um seinen geliebten Chichi zu suchen.

"Aber sicher", willigte Philo in den Plan ein. "Wir treffen uns in einer Stunde an der nächsten Straßenecke."

Es war bereits dunkel, als Tizoc die Straße entlang eilte. Immer wieder sah er sich vorsichtig um. Hoffentlich tauchte nicht ein Bekannter auf, der ihn bei den Eltern verriet. Doch er hatte Glück. Unbemerkt kam er bei Philo und Togo an, mit denen er sich freudig begrüßte. Dann zog er eine Schale hervor, die er unter den Arm geklemmt hatte.

"Ich habe mein Abendessen mitgebracht", sagte er. "Ich dachte, ihr habt vielleicht Hunger und wir könnten gemeinsam essen."

Erst jetzt bemerkten Philo und Togo, dass sie ein richtiges Loch im Bauch hatten. Voller Heißhunger stürzten sie sich auf die Schüssel, in der ein paar Maisfladen mit Bohnen lagen. Auch Tizoc griff nach einem Maisfladen. Bevor er hineinbiss, sagte er: "Sei nicht gekränkt, du wirst mir Kraft geben, du wirst mich am Leben erhalten."

Erstaunt hielt Philo beim Kauen inne. "Mit wem hast du eben gesprochen?", erkundigte er sich, während er vorsichtig um sich blickte.

"Mit dem Mais", antwortete Tizoc mit vollen Backen.

"Mit dem Mais?", wiederholte Philo. Tizoc wollte wohl Witze machen! Doch der Aztekenjunge aß weiter, ohne eine Miene zu verziehen. "Der Mais soll nicht gekränkt sein?", fragte Philo verwundert.

"Ja, natürlich. Schließlich wurde der Mais von einer Gottheit geschaffen und besitzt eine Seele. Also muss ich mich bei ihm entschuldigen, wenn ich ihm das Leben nehme."

Tizoc musterte interessiert Philos verwundertes Gesicht. Komisch, dass dieser Junge aus der Zukunft so staunte. "Ich erkläre dem Mais, dass ich ihn nur töte, um meinen Hunger zu stillen", fügte er hinzu, nachdem er den Bissen hinuntergeschluckt hatte.

Philo kaute umständlich an seinem Fladen. Was

würde Tizoc sagen, wenn er erführe, dass für ihn all diese Dinge ohne Leben sind?

"Wir bitten auch die Bienen um ihren Honig, bevor wir ihn aus ihren Waben schleudern", erzählte Tizoc. "Oder überreden die Fische, in unsere Netze zu schwimmen. Natürlich gehen wir auch mit einem Baum respektvoll um, während wir ihn mit einer Axt fällen. Jedes Kind weiß schließlich, dass alle Dinge und Lebewesen eine Seele haben", schloss er. "Egal, ob es sich um Pflanzen, Tiere oder Steine handelt."

Philo schaute auf den riesigen Baum, an dessen Stamm sie sich niedergelassen hatten.

'Warum sollte er eigentlich keine Seele haben', überlegte er, während er in den rauschenden, dunklen Wipfel emporblickte. Es schien, als flüsterten ihm die Blätter heimlich etwas zu.

Togo riss ihn aus seinen Betrachtungen.

"Lasst uns gehen, es wird immer später", forderte er die Freunde auf.

Tizoc stellte die leere Schale in eine Mulde, die sich zwischen den Wurzeln dicht am Baumstamm gebildet hatte. Hier störte die Schale niemanden und er konnte sie später abholen.

Rasch liefen die Freunde die nächtliche Straße entlang, die zum Tempelbezirk führte. Es war merklich kühler geworden und die Alleen und

Plätze waren menschenleer. In der Dunkelheit konnte man leicht vom Weg abkommen. Glücklicherweise stand der Mond strahlend am Himmel. Er tauchte die Stadt und den See in sein silberweißes Licht. Fast schien es, als hätte jemand eine helle Lampe am Nachthimmel angezündet. Unbehelligt passierten die Freunde die Mauer, welche die Wohngebiete vom heiligen Zentrum der Stadt trennte.

Mit einem Male zögerte Philo. "Ist es nicht verboten, in der Nacht durch den Tempelbezirk zu streifen?", fragte er Tizoc. "Und erst recht für zwei Kinder, die um diese Zeit längst im Bett liegen sollten?"

"Und für einen Frosch?", tönte es laut neben seinem Ohr.

Tizoc lachte. "Keine Sorge, uns wird niemand aufhalten. Selbst mit einem Frosch. Es sei denn, dieser begänne lauthals zu sprechen oder zu singen", drohte er Togo mit schelmischem Grinsen. "Doch Spaß beiseite. Die Kinder werden bei uns schon kurz nach der Geburt einem Tempel geweiht. Und sobald sie verständig genug sind, verpflichten die Eltern sie, den Göttern des erwählten Tempels zu dienen. Es ist also ganz normal, Kinder im heiligen Bezirk anzutreffen."

"Also musst du auch schon Tempeldienste verrichten?", erkundigte sich Philo, während er den Blick über die schweigsamen Pyramiden schweifen ließ. Gleich stummen Riesen ragten sie in den klaren Nachthimmel und versuchten, die Sterne mit ihren Spitzen zu kitzeln.

"Natürlich habe ich Tempeldienste zu verrichten", antwortete Tizoc. "Bei den Zeremonien gibt es schließlich viel zu tun. Der Tempel muss mit Blumen geschmückt werden. Außerdem müssen die Feuer- und Räucherschalen vorbereitet werden. Zuweilen kleiden wir auch die steinernen Wächter in farbenprächtige Gewänder, bemalen und parfümieren sie. Und nach der Zeremonie ist leider jede Menge aufzuräumen", meinte er, wobei er die Luft geräuschvoll durch die Nase stieß. Philo verstand: Das Aufräumen gehörte auch nicht zu seinen Stärken.

In diesem Moment bogen die Freunde um eine Ecke und standen vor dem Templo Mayor. Die Pyramide war so unvermutet vor Philo aufgetaucht, dass er überwältigt stehen blieb und in die Höhe starrte. Mächtig ragte das Bauwerk in die nächtlichen Wolken empor, als hielte es mit ihnen stumme Zwiesprache. Seine Silhouette zeichnete sich riesengroß vor dem schwarz-blauen Himmel ab, den der weißliche Schein des Mondes überstrahlte. Die Götter, denen die Tempel geweiht waren, schienen Philo plötzlich zum Greifen nahe zu sein - fast glaubte er, ein feines Wispern zu vernehmen. Oder war es der Wind, der die Kühle des schlafenden Sees herüberwehte?

Tizocs helle Stimme riss ihn aus seinen Träumereien. "Wo habt ihr den Mann mit dem Hund verloren?"

"Dort hinter der Pyramide", sagte Philo und deutete auf die Rückseite des Templo Mayor. Schnell hatten sie das Bauwerk umrundet und standen an der Stelle, an der sich Philo und Togo am Nachmittag bereits umgeschaut hatten.

Alles war wie zuvor: An der einen Seite ragte die schräge Wand des Haupttempels ohne auffällige Öffnungen oder Vertiefungen in die Höhe. Seitlich dahinter lag die kleinere Pyramide, die mit gewundenen Schlangen verziert war. Sie stand am Rande der Zeremonialanlage. Suchend schritt Tizoc die Front des Templo Mayor entlang. Aufmerksam betrachtete er jede Wölbung in der Wand, doch er fand nichts Auffälliges. So wandte er sich dem Schlangentempel zu und begann, ihn näher zu erforschen.

"Dieser Tempel ist Quetzalcoatl geweiht", bemerkte er, ohne seine Augen von den Steinen und farbigen Reliefs abzuwenden.

"Und wer ist Quetzalcoatl?", fragte Philo.

"Quetzalcoatl ist der Spender der Göttergaben, der als Schöpfer aller irdischen Wesen gilt. Er kann aber auch als Gott des Windes oder als Gott der Morgendämmerung erscheinen, der die Regenzeit bringt."

"So ein Durcheinander", quakte Togo, während er auf Philos Schulter hin- und herhüpfte. "Ist er nun der Schöpfer aller irdischen Wesen oder der Gott des Windes oder was?"

"Er kann eben in der einen oder in der anderen Gestalt auftreten", lachte Tizoc. "Unsere Götter sind in der Lage, miteinander zu verschmelzen oder sich in andere aufzuspalten. Du bist ja auch nicht nur ein Frosch, sondern gleichzeitig ein Kobold. Also können wir sogar dich nicht immer gleich wahrnehmen."

"Da hast du Recht", meinte Togo und verzog das Froschmaul zu einem zufriedenen Grinsen. "Und soll ich dir etwas verraten?", fragte er schelmisch.

Er sprang mit Schwung auf Tizocs Schulter.

Geheimnisvoll näherte er sich seinem Ohr: "Es ist wirklich lustig, ab und zu die Erscheinung zu wechseln. So kann man die Welt aus verschiedenen Blickwinkeln kennen lernen. Nie hätte ich zum Beispiel gedacht, dass Mücken so gut schmecken!" Mit diesen Worten ließ sich der Frosch vergnügt zu Boden fallen. Er hatte wohl einen leckeren Nachtisch entdeckt.

Im Schlangentempel

Die Jungen umrundeten nochmals den Tempel. Doch so sehr sie auch suchten, sie konnten nichts entdecken, was das Verschwinden des Mannes mit dem Hund erklärt hätte.

Schon wollten sie sich von der Pyramide abwenden, da quakte Togo:

"Seht euch nur einmal die Schlangenköpfe an! Die haben aber furchtbar spitze Reißzähne!" Mit tiefer Stimme brummte er: "Gleich wird sich das Schlangenmonster auf euch stürzen! Huuu, Huuu!"

Nach dieser Warnung hüpfte er auf einen der Köpfe, die an den vier Ecken der Pyramide herausragten. Mit feierlicher Stimme verkündete er: "Euer Togo beweist euch jetzt, wie mutig er ist. Tapfer wird er sich dem grausamen Untier mitten ins Maul setzen." Und schon kletterte er in das geöffnete Maul der steinernen Skulptur, das ihm gerade genug Platz zum Hocken bot.

Die Gesichter der Jungen verfinsterten sich. Waren sie etwa ängstliche Hasenfüße? Oh nein, sie verwandelten sich auf der Stelle in gefährliche Raubtiere. Kein Schlangenmonster der Welt war vor solchen Bestien sicher. Mit unheimlichem

Knurren stürzten sie auf ihren Feind zu.

Da ertönte ein leises Scharren. Erschrocken verharrten die Freunde. Was war das? War jemand im Tempel? Oder vielleicht hinter ihnen? Das Scharren ging in ein kräftiges Knirschen über. Es kam direkt aus dem Schlangenkopf, in dem Togo saß. Schnell wie ein Blitz sprang der Frosch aus dem Maul - und landete genau auf Philos Schulter. Sofort kuschelte sich der tapfere Monster-Bezwinger unter Philos Haare.

Stille. Die Freunde hielten den Atem an. Sie hörten nur das Pochen ihres Pulses. Ein Pochen, das lärmend über den Platz zu hallen schien. Die Geräusche waren verstummt. Nichts geschah. Vielleicht hatten sie sich geirrt? Langsam wurden die Freunde ruhiger und wagten, wieder Luft zu holen.

Vorsichtig näherten sie sich dem Schlangenkopf. Alles sah aus wie zuvor. Was war das für ein Scharren und Knirschen gewesen? Zögernd umrundete Philo den Schlangenkopf. Da stockte er. "Seht euch das an!", rief er mit heiserer Stimme. Und deutete auf eine Öffnung an der Seite des Tempels, die noch vor wenigen Minuten nicht dort gewesen war.

"Das kann nicht wahr sein", murmelte Tizoc. "Diese Pyramide war immer verschlossen. Bis zum heutigen Tage hat sie niemand betreten."

"Aber woher kommt die Öffnung?"

"Ich weiß nicht", grübelte Tizoc. "Vielleicht möchte uns Quetzalcoatl in seinen Tempel einladen."

"Oder die Pyramide war nie so verschlossen, wie du gedacht hast", überlegte Togo. "Möglicherweise gibt es einen geheimen Mechanismus, der die Pyramide öffnet. Vielleicht im Schlangenmaul? Und ich habe ihn ausgelöst?"

"Dann könnte dies der Weg sein, auf dem der Mann mit dem Hund verschwunden ist." Der Gedanke ließ Tizocs Herz schneller schlagen. "Wir müssen nachschauen", sagte er kurzentschlossen. Und schon verschwand er in dem niedrigen Eingang, der sich vor ihnen auftat.

Philo schwankte einen Augenblick. Sollte er Tizoc folgen? Die Sache konnte gefährlich werden! Ein Grund mehr, den Freund jetzt nicht im Stich zu lassen. Philo ließ sich auf allen Vieren nieder und folgte Tizoc.

Schnell sicherte sich Togo auf Philos Schulter. Er band ein paar Haare um seinen dicken Froschbauch, die ihn vor dem Absturz bewahren sollten.

Aus dem schmalen Gang schlug ihnen modriger Kellergeruch entgegen. Die Steine an den Wänden strahlten eine kalte, ungemütliche Feuchtigkeit aus. Anfänglich mussten die Jungen auf dem harten Boden krabbeln, da ihnen der Gang nur bis zur Brust reichte. Immer wieder stießen sie mit den nackten Knien gegen Kanten oder loses Geröll, die ihnen die Haut aufschabten.

Als der Weg eine scharfe Biegung nach rechts machte, weitete er sich zu einem mannshohen Gang, in dem die Kinder aufrecht gehen konnten. Neugierig blickten sie in den dunklen Tunnel hinein, der sich wie ein schwarzes Loch vor ihnen auftat. Das Licht, das anfänglich gedämpft durch die Pyramidenöffnung gefallen war, war inzwischen verschwunden. Um die Jungen breitete sich eine Finsternis aus, die nur an wenigen Stellen undeutliche Konturen erkennen ließ.

Die Kinder fühlten sich unbehaglich. Philo hatte den Eindruck, als schnüre jemand seinen Hals zusammen. Seine Beine waren kraftlos und schlapp, als wäre er eine Stunde durch den Wald gerannt.

"Ich glaube, ich kann nicht weitergehen", flüsterte er den Freunden zu.

"Ich auch nicht." Tizoc spürte ein mulmiges Etwas in der Magengegend, das ihm das Atmen schwer machte.

"Und was geschieht mit Chichi, wenn ihr jetzt weinend umkehrt?", tönte Togos Stimme frisch und hell durch die Dunkelheit. "Ihr könnt ihn doch nicht seinem Schicksal überlassen! Vorwärts und keine Zeit verlieren! Mich juckt es im Bein - ich glaube, wir sind auf der richtigen Spur!"

Philo gab sich einen Ruck und reckte seine

zusammengesunkene Gestalt in die Höhe. "Togo hat Recht. Wir müssen Chichi suchen. Und außerdem: Wann können wir solch einen Tempel schon einmal von innen sehen?"

Mit behutsamen Bewegungen tastete er sich in das dunkle Loch hinein. In der Finsternis, in der man sich auf seine Augen nicht mehr verlassen konnte, hallten die Geräusche doppelt so laut durch den hohlen Gang. Das Knirschen der Füße auf dem sandigen Steinboden drang bohrend in ihre Ohren. Philo hielt die Arme weit vorgestreckt, damit er nicht gegen die Mauer oder andere Hindernisse stieß. Schon nach wenigen Metern kamen Philo Zweifel.

Hätten sie nicht doch umkehren sollen? Nun entfernten sie sich unaufhörlich vom Eingang, so dass ihn auch der Rückweg nicht mehr lockte. Was blieb ihnen anderes übrig? Mechanisch setzte Philo einen Schritt vor den anderen.

Langsam gewöhnten sich ihre Augen an die Finsternis. War dort in der Ferne nicht ein schwacher Lichtschein zu erkennen? Ein Schimmer, der wie ein mattes Kristall leuchtete?

Erst jetzt sahen die Freunde, dass der Gang leicht bergan führte. Trotz der feuchten Kühle begann ihnen der Schweiß den Rücken hinunterzulaufen. Auf der Stirn bildeten sich kleine Wasserperlen, die fröhlich über Wangen und Nase rollten. Philo und Tizoc liefen immer rascher auf das Licht zu, das leicht flackerte. Je näher sie dem hellen Schein kamen, desto kraftvoller wurden ihre Bewegungen.

Unvermutet machte der Gang eine scharfe Kurve nach links - und die Gefährten standen vor einer Fackel, die in der grauen Tempelwand steckte. Lustig brannte das lange Holzstück, das zuweilen knisterte und knackte. Irritiert betrachteten die Freunde die Fackel, die eindeutig erkennen ließ: Sie war erst vor kurzer Zeit angezündet worden. Also befand sich außer ihnen noch jemand im Inneren der Pyramide. Ein Gedanke, der nicht sehr ermutigend wirkte. Denn wer konnte hier noch sein? Geheime Priester, die Quetzalcoatl auf besondere Art dienten?

Oder Verbrecher und Gauner, die sich an diesem Ort ein Diebesquartier geschaffen hatten? Und Hunde stahlen?

Die Freunde fühlten sich unbehaglich in ihrer Haut. Vorsichtig blickten sie im hin- und hertanzenden Licht der Fackel nach allen Seiten. Da entdeckten sie nicht weit hinter dem Feuerscheit eine Tür, die aus Holzstäben gefertigt war. Sie wirkte nicht sehr stabil. Dennoch versperrte sie den Gang und machte ein Weitergehen unmöglich.Sollten sie in einer Sackgasse gelandet sein?

Die Jungen gingen auf die Sperre zu und rüttelten daran. Doch die Tür war massiver, als sie aussah. Sie regte und bewegte sich nicht, egal, ob sie an ihr zogen, sie schoben oder mit den Fäusten bearbeiteten.

"Hier werden wir nicht weiterkommen", meinte Philo. Wirklich traurig machte ihn das nicht, denn das Unternehmen flößte ihm immer mehr Angst ein. Allerdings hätte er die Suche niemals freiwillig aufgegeben - er wusste einfach, wie sehr Tizoc an seinem vierbeinigen Freund hing.

Auch Tizoc sah keinen Ausweg. Die Tür ließ sich nicht öffnen und war rechts und links so tief in die Mauer gefügt, dass nicht einmal ein Floh an der Seite vorbeischlüpfen konnte.

"Lasst uns zurückgehen", forderte er die Freunde schließlich auf. Große Enttäuschung schwang in seiner Stimme mit. Er hatte so sehr gehofft, seinen Chichi zu finden. Wenn er ihm mit Hilfe von Philo und Togo nicht auf die Spur kam, war der Hund für immer verloren. Das wusste Tizoc. Große Traurigkeit breitete sich in ihm aus, die sich wie ein grauer Schleier auf sein Gemüt legte. Doch was sollte er tun? Die Tür blieb unüberwindlich!

Die Opferstätte

Als sich die Jungen an der Holztür abgemüht hatten, war Togo auf den Boden gesprungen. Aufmerksam hatte er beobachtet, wie die Kinder mit aller Kraft versucht hatten, das Hindernis zu bewegen.

Doch die sperrige Pforte schien eine uneinnehmbare Festung zu sein!

Zögernd wandten sich die Jungen dem Ausgang zu - und Togo nutzte die Gelegenheit, um ganz nah an die Tür heranzuhüpfen. Er hatte etwas entdeckt, das ihnen vielleicht weiterhelfen konnte. Ja, es gab keinen Zweifel.

"Seht einmal, die eine Seite ist voller winziger Riegel. Sie sind nicht verhakt oder befestigt, also müssten sie sich leicht bewegen lassen."

Eilig kamen Philo und Tizoc zurück gelaufen. Der Frosch hatte recht, dort waren winzige Riegel, die sie gar nicht bemerkt hatten. Vorsichtig versuchte Tizoc, einen Riegel zurückzuschieben. Ein Wunder! Mit leisem Knirschen ließ sich der Verschluss öffnen, ohne dass Tizoc viel Kraft anwenden musste.

Schnell öffnete er auch die anderen Riegel - und

mit dumpfem Knarren schwenkte die Tür zur Seite. Vor ihnen lag eine Treppe, die steil nach oben führte. Die Freunde erkannten nur die untersten Stufen, die von der Fackel beleuchtet waren. Je höher es ging, desto dunkler wurde es. Doch die Kinder hatten sich an die ewige Nachtschwärze gewöhnt und machten sich wohlgemut an den Aufstieg. Sie erklommen Stufe um Stufe in der Überzeugung, bald am Ende der Treppe angelangt zu sein. Schließlich war die Pyramide nicht so groß wie ihr mächtiger Bruder, der Templo Mayor, also mussten sie über kurz oder lang ihre Spitze erreichen.

Aber Philo und Tizoc stiegen und stiegen, ohne dass die letzte Stufe in Sichtweite gekommen war. Die Luft wurde immer drückender und trieb ihnen den Schweiß auf die Stirn. Zuweilen mussten sie stehen bleiben, um zu verschnaufen und neuen Atem zu schöpfen.

War die Pyramide doch höher, als sie gedacht hatten? Oder waren sie durch die Aufregungen so ermüdet, dass ihre Kräfte nachließen?

Und noch etwas war merkwürdig: Auf der Treppe war es nicht so finster wie in dem pechschwarzen Gang zuvor. Undeutlich schimmerten die grauen Umrisse der Stufen, so dass die Jungen nicht Gefahr liefen, einen Absatz zu verfehlen oder zu stürzen. Woher kam die Helligkeit so tief im Inneren der Pyramide? Man konnte meinen, das Licht falle aus klitzekleinen Löchern auf den Boden. Allerdings waren diese winzigen Löcher nirgendwo zu entdecken.

Philo und Tizoc waren überzeugt, schon mehrere hundert Stufen emporgestiegen zu sein. Ihre Füße lösten sich immer schwerer vom Boden, als würden sie in tiefem Schlamm waten. Da entdeckten sie weit über sich einen Lichtschein, der das Ende der Treppe beleuchtete. Erleichtert schnaufte Philo: "So ein Glück! Gleich haben wir es geschafft!" Mit neuer Kraft kletterten sie höher und höher, bis sie auf der obersten Plattform standen.

Hier bot sich ein überraschendes Bild: Vor ihnen erstreckte sich ein mittelgroßer Raum, der von vier Fackeln überstrahlt wurde. Die Erde war mit hellem Meeressand bedeckt, auf dem allerlei Dinge lagen. Kein Mensch war zu sehen. Auch auf der dunklen Treppe rührte sich nichts.

Vorsichtig spähten die Jungen in alle Ecken und betraten langsam den Raum. Da erstarrten sie zu zwei Salzsäulen. Rechts und links des Einganges saßen Männer! Mit zitternden Knien wichen Philo und Tizoc bis zur Treppe zurück. Schnell die Stufen hinunter, bevor sie gepackt wurden! Sie begannen, in die Tiefe zu hasten. Halb stolperten, halb flogen sie hinab, um der Gefahr zu entrinnen. Schon glaubten sie eine Hand in ihrem Nacken zu spüren, die sie mit eisernem Griff festhielt - da stutzten sie. Sie waren bereits mehr als ein Dutzend Stufen hinabgerast, ohne dass die Männer sie verfolgten! Hatten sie die Kinder nicht bemerkt? Schliefen sie vielleicht?

Die Gefährten blieben stehen und lauschten. In Zeitlupentempo, um nicht den geringsten Lärm zu machen, wandte sich Tizoc zurück. Auf Zehenspitzen schlich er die Treppe wieder hinauf und lugte zum Eingang hinein. Plötzlich vernahm Philo ein glucksendes Lachen. "Was ist los?", flüsterte Philo, dessen Nerven flatterten.

"Weißt du, warum uns die Männer nicht am Schlafittchen gepackt haben?", fragte Tizoc, der vor Erleichterung noch immer kicherte. "Weil sie aus Stein sind!" Tizoc schüttelte den Kopf. "Ich bin dermaßen durcheinander, dass ich nicht einmal mehr die Wächter erkenne, die in den Heiligtümern stehen. Dabei muss ich sie oft genug an- oder ausziehen."

Froh über den falschen Alarm machte Philo kehrt und folgte Tizoc in den Raum. Mit einer gewissen Scheu betrachtete er die männlichen Figuren am Eingang. Doch aus der Nähe hatten sie überhaupt nichts Unheimliches an sich. Sie waren in farbenprächtige Gewänder gekleidet, die im Grau der Umgebung doppelt leuchteten. Die Teile des Körpers, die nicht mit Stoffen bedeckt waren, hatte man kunstvoll bemalt. An den Ohren und um den Hals trugen die Wächter ganz besonders bearbeitete Edelsteine, die im Licht der Fackeln wie sprühende Funken aufblitzten.

"Was riecht hier so gut?", fragte Philo, während er prüfend die Nase in die Luft reckte. Ein feiner Duft strömte durch den Raum, der nach dem modrigen Geruch der schmalen Gänge doppelt verführerisch wirkte.

"Das ist das Parfüm, mit dem unsere Wächter regelmäßig benetzt werden. Dieses hier riecht nach Rosenwasser, aber wir benutzen auch Vanilleschoten oder die weißen Blüten eines Baumes, der Esquisúchil heißt."

Philo liebte derartige Wohlgerüche und sog den blumigen Duft kraftvoll ein. Interessiert betrachtete er dabei die Vielzahl von Gegenständen, die wohlbedacht auf dem Boden angeordnet waren. An der hinteren Wand hockten zwei kleine Steinfiguren, die rechts und links von Krügen gesäumt waren. Davor breiteten sich Muscheln, Korallen und Reste von tierischen Skeletten aus. Unter ihnen erkannte Philo die Überreste von zwei Krokodilen und mehrere Haifischzähne, die allesamt auf dem weichen Sand lagerten.

"Was ist das?", fragte Philo, der nicht recht schlau aus dem Fund wurde.

"Das sind Opfergaben für unsere Götter", antwortete Tizoc. "Damit wollen wir Verbindung zu ihnen aufnehmen und sie gnädig stimmen. Sie sollen uns schließlich nicht zürnen, sondern uns wohlgesonnen sein." Suchend wanderten seine Augen durch den Raum: "Du weißt doch: Nur durch die Götter kann alles wachsen und gedeihen. Nur durch sie können wir unsere Feinde im Krieg besiegen."

Philo wusste das nicht so genau. Gern hätte er mehr erfahren, doch Tizoc drehte ihm bereits den Rücken zu. "Dort ist der Ausgang." Tizoc wies mit dem ausgestreckten Arm auf eine Öffnung, die dem Eingang genau gegenüberlag. "Mal sehen, wohin sie führt!" Und schon verschwand Tizoc in dem finsteren Loch.

Schwarze Gestalten

Philo beeilte sich, seinem Freund zu folgen. Angenehm fand er es nämlich nicht, allein an der Opferstätte zurückzubleiben. Wer weiß, vielleicht tauchte unvermutet ein Gott auf? Schließlich war dieser Ort eigens für Götter errichtet worden. In welcher Gestalt er wohl erscheinen würde? Lieber nicht darüber nachdenken! Zu schnell tauchten vor dem inneren Auge verzerrte Gestalten mit spitzen Zähnen auf, deren Haare sich in Form zischelnder Schlangen um den Kopf legten.

Rasch schlüpfte Philo durch die dunkle Öffnung und wäre beinahe auf die ersten Stufen gestürzt, die den Beginn einer neuen Treppe bildeten. Die Augen hatten sich an das Licht der Fackeln gewöhnt, so dass Philo im ersten Moment Schwierigkeiten hatte, sich in der Dunkelheit zurechtzufinden. Doch schnell konnte er die Absätze der Treppe unterscheiden, die abermals steil nach oben führte. Tizoc hatte bereits einen kleinen Vorsprung und schritt rüstig aus.

"Wenn wir weiter so bergan klettern, stoßen wir bestimmt bald gegen die Wolken", quakte es plötzlich an Philos Ohr.

"Ja, wahrscheinlich. Aber warum können wir nur höher und höher steigen, Togo? So hoch war die Pyramide niemals! Ich verstehe das nicht!"

"Egal", meinte der Frosch. "Mich interessiert viel mehr, ob sie wirklich süß schmecken."

"Was soll süß schmecken?", fragte Philo verständnislos. "Die Pyramide? Oder die Steine? Oder meinst du etwa die Götter?" Wieder einmal hatte er das Gefühl, Togo und er würden unterschiedliche Sprachen sprechen. Wie schnell geschah es, dass er selbst über die Entstehung der Welt nachdachte, während Togo mit einem Rezept für Pfannkuchen daherkam!

"Nicht die Götter sollen süß schmecken", freute sich Togo. "Nein, die Wolken! Findest du nicht, dass sie aussehen, als wären sie aus Zuckerwatte gemacht? Und was aus Zuckerwatte besteht, schmeckt bekanntermaßen... Na? Natürlich süß!"

Philo schüttelte den Kopf. Anstatt sich zu beeilen, Tizoc einzuholen, unterhielt er sich mit Togo über süße Wolken! Eilig stieg er Stufe um Stufe empor. Dabei verspürte er in seinen Oberschenkeln ein leichtes Stechen. Er war es eben nicht gewohnt, so stetig bergan zu steigen - und seine Muskeln leider auch nicht. Plötzlich hörte er Tizocs Rufe, die dumpf durch den Gang schallten. "Komm schnell, Philo! Beeile dich!"

Philo verdoppelte seine Anstrengungen und rannte die Treppe hinauf. "Was ist los?", stieß er angestrengt hervor, während er zwei Stufen auf einmal nahm. Sein keuchender Atem übertönte selbst das Knirschen unter seinen Schuhsohlen. Als er bei Tizoc ankam, schaute dieser voller Verwunderung durch eine bogenartige Öffnung. "Sieh dir das an!"

Philo musste den Oberkörper nach vorn beugen und die Hände auf die Knie stützen, um wieder zu Atem zu kommen. Dabei blickte er mit schräg gehaltenem Kopf in die angewiesene Richtung - und staunte.

Vor ihnen lag ein riesiger Saal, der meterlang war. Weit in der Ferne konnte man das Ende des Raumes erkennen, dessen Decke rechts und links von je einer Säulenreihe getragen wurde. An den Wänden waren Fackeln befestigt, die dicht an dicht aus ihren Haltern ragten und ein helles Licht verbreiteten.

Stumm richtete sich Philo auf. Die Freunde zögerten einen Moment, dann betraten sie den Saal. Außer den Fackeln und Säulen wies er weder Figuren, Krüge noch Schmuck auf. Mit großen Augen sahen sie die endlosen Wände entlang. Langsam liefen sie über den Steinfußboden, auf dem ihre Sandalen leise hallten.

Plötzlich zuckte Philo zusammen. Direkt neben Tizoc bewegte sich eine riesige schwarze Figur! Sie lief dicht an der Wand entlang, wobei sie zitternd auf- und abglitt. Wo war sie nur hergekommen? Voller Entsetzen starrte Philo auf das Wesen. Leise wollte er Tizoc rufen, doch er brachte keinen Ton hervor. Die Angst schnürte ihm die Kehle zusammen.

Da sah er auch neben sich eine schwarze Gestalt, die bedächtig voranschritt. Philo hatte das Gefühl, ihm würde das Herz in die Hose rutschen. Doch nur für einen Moment. Denn plötzlich erkannte er, dass es ihre eigenen Schatten waren, die das flackernde Licht an die Wände warf. Nur die Schatten! Noch nie hatte sich Philo so gefreut, seinen Schatten wiederzufinden. Warum hatte er ihn nicht gleich erkannt? Die letzten Stunden mussten mächtig an seinen Nerven gezehrt haben.

"Wie kann es in der Spitze einer Pyramide so eine große Halle geben?", murmelte Philo vor sich hin. Die Frage schien er weniger an die Freunde als an sich selbst zu richten.

Tizoc hob unmerklich die Schultern. Sein konzentrierter Blick schweifte unermüdlich über die Wände und Säulen. Noch nie hatte er von diesem Saal gehört. Wie gelang es den Priestern, seine Existenz geheim zu halten? Und wozu diente er? Tizoc hatte weder Opfergaben noch andere Zeichen der Götterverehrung entdeckt.

Wie automatisch setzten die Freunde einen Fuß vor den anderen, während Tausende von Gedanken auf sie einstürmten. Unmerklich näherten sie sich der Mitte der Halle - und standen plötzlich vor einem ausladenden Steinquadrat, das wie eine Art Bühne aus dem Boden ragte.

Philo blickte zum Eingang zurück. Kein Zweifel, das, was wie eine Bühne aussah, bildete das Zentrum des riesigen Raumes. Das Steinquadrat war nicht sehr groß und erhob sich frei in der Mitte der Halle. Seine Seiten waren glatt, fast blank poliert und durch keinerlei Schnörkel oder Einkerbungen verziert. Das Grau der Steine flackerte im Licht der brennenden Holzscheite geheimnisvoll. Das Merkwürdigste aber war: Obwohl das Steinquadrat nichts Auffälliges hatte, konnten die Freunde den Blick nicht davon lassen.

Der Weißbärtige

Nach dem Hallen der Schritte, das von den Wänden des Saals laut zurückgeworfen worden war, breitete sich nun Stille aus. Nur das Knistern der Fackeln, die unermüdlich vor sich hinbrannten, war zu hören.

Mit einem Mal hob Philo den Kopf. Ungewohnte Klänge drangen an sein Ohr, die aus weiter Ferne zu kommen schienen. Angestrengt lauschte er. Doch so sehr er sich auch mühte, er konnte nicht erkennen, was es war.

"Hört ihr das auch?", flüsterte er den Freunden zu.

"Ja", antwortete Togo. "Es klingt wie Musik."

Togo hatte Recht, es war Musik. Jetzt glaubte Philo, Geigen und Harfen unterscheiden zu können. Aber das konnte nicht sein, denn die Azteken besaßen weder Geigen noch Harfen. Philo wusste, dass sie verschiedenste Instrumente hatten. So gab es Trommeln aus Baumstämmen und Jaguarfell, langgestreckte, xylophonartige Schlaginstrumente, Flöten, Pfeifen und Trompeten aus Ton oder Muscheln. Auch hatte er von Rasseln gehört, die aus einem menschlichen Oberschenkelknochen oder Tierhorn gefertigt wurden. Sie erzeugten einen unverwechselbaren Klang, wenn man mit einer Muschel darüber rieb.

Aber Geigen? Und Harfen?

"Was sind das für wunderbare Töne?", fragte Tizoc erstaunt. "So etwas habe ich noch nie gehört!"

Doch Philo blieb keine Zeit zu antworten. Irgendetwas bewegte sich auf der quadratischen Steinbühne! Vorerst schien es nur eine hauchdünne Nebelschwade zu sein, wie sie aus feuchten Wiesen aufsteigt. Langsam wiegte sie sich in andächtigem Tanz, als wenn sie der feingesponnenen Melodie aus der Ferne folgte.

Regte sich dort wirklich etwas? Oder spielte ihm seine überhitzte Phantasie einen Streich? Nein, es gab keinen Zweifel, die schlängelnde Gestalt ließ immer genauere Umrisse erkennen. Gebannt blickte er auf das wallende Wesen. Er versuchte, Einzelheiten zu unterscheiden und vergaß dabei jegliche Angst.

Das Wesen war von einem Nebelschleier umfangen. Es bewegte sich unablässig wie ein Spiegelbild, das von einer aufgewühlten Wasseroberfläche zurückgeworfen wird. So schien es sich genauer Betrachtung entziehen zu wollen. Dennoch war nicht zu leugnen: Vor ihm hatte ein Mann

Gestalt angenommen, der etwa doppelt so groß wie gewöhnlich war. Er hatte dichtes weißes Haar und einen ebenso weißen, rauschenden Vollbart. Bekleidet war er mit einem durchgehenden hellen Gewand, das bis zum Boden reichte.

Erstaunt sah Philo der Erscheinung ins Antlitz. So hatte er sich als kleiner Junge den lieben Gott vorgestellt, von dem ihm die Großmutter vor dem Einschlafen oft erzählt hatte. Wie einen milden alten Herrn, der einen mit gütigen Augen anblickte. Das Gesicht des geheimnisvollen Mannes erinnerte Philo übrigens in keiner Weise an das Aussehen der Azteken, sondern viel eher an einen gutmütigen Onkel aus seiner Heimat.

Philo verlor auch die letzte Scheu. In ihn zog eine Ruhe und Gelassenheit ein, die er noch vor wenigen Minuten für unmöglich gehalten hatte. Schon wollte er Tizoc seine Eindrücke mitteilen, da vernahm er eine Art Murmeln. Ein Murmeln, das wenige Sekunden später in Sprechen überging - doch so leise, dass es in der Weite des Saales verklang wie das Platzen einer Seifenblase.

Reglos verharrten die Freunde. Es verging etwa eine Minute, da wurde die Stimme deutlicher. Ruhig und bestimmt fragte sie: "Wer seid ihr?"

Bei dieser Anrede fiel Tizoc auf die Knie. Er legte die Stirn auf die kalten Steinplatten und antwortete unterwürfig: "Wir sind deine ergebensten Diener, oh großer Quetzalcoatl."

Verunsichert sah Philo auf den knienden Jungen. Dann ließ auch er sich zu Boden gleiten. Es war wohl besser, Tizocs Vorbild zu folgen. Schließlich befand er sich in dessen Heimat und wollte keine Regeln oder Bräuche missachten.

"Was sucht ihr in meinen Mauern?", ließ sich die angenehme, leicht hallende Stimme abermals vernehmen. Sie schien nicht wirklich von der nebulösen Gestalt zu stammen, sondern tönte von allen Seiten des Saales.

"Wir bitten um Rat und Gerechtigkeit", antwortete Tizoc, wobei er den Oberkörper aufrichtete und den Fragenden eindringlich anblickte. Auch Philo hatte sich aufgerichtet, neugierig, was weiter geschehen würde.

"Wir möchten die beseelte Kreatur eines Hundes vor Missbrauch und Quälerei bewahren", fuhr Tizoc fort.

Der alte Herr nickte einige Male mit dem Haupt. Dann schwieg er. Gebannt starrten die Knaben auf seine Lippen und warteten auf Antwort. Hoffentlich verschwand er nicht, bevor er nochmals gesprochen hatte! Tizoc wusste, dass Quetzalcoatl seine letzte Rettung war. Nur er konnte helfen, seinen Chichi wiederzufinden.

Quälend langsam verstrichen die Sekunden. Nach einer Pause, die den Freunden endlos erschienen war, sprach der Weißbärtige:

"Der Weg in die untere Welt sei euer Ziel. Doch wehe, wenn euer Odem sich mit der Finsternis paart. Dann ist Verderben euer Los."

Welch rätselhafte Worte! Die Freunde sogen sie auf wie eine verdorrte Pflanze einen Wasserstrahl. Doch es blieb ihnen keine Zeit, sich zu besinnen. Denn plötzlich ging alles sehr schnell. Die Gestalt auf der quadratischen Steinbühne wurde dünner und dünner, bis sie völlig verschwand - wie eine Nebelschwade, die vom Wind verweht wurde. Mit ihrem Verschwinden aber verklangen auch die zauberhaften Töne, die sie begleitet hatten. Langsam wurde die zarte Melodie leiser und leiser, bis ihre Klänge in eine andere Welt hinüberglitten.

Die untere Welt

Zurück blieben die Freunde, die benommen vor sich hinstarrten. 'Habe ich das wirklich erlebt?', grübelte Philo. 'Oder bin ich kurz eingeschlafen und habe geträumt?' Was allerdings recht unwahrscheinlich war, denn er hatte im Stehen noch nie geschlafen, schließlich war er ja kein Pferd! Philo zog die Augenbrauen zusammen, so dass sich zwischen ihnen eine kleine Falte bildete. 'Vielleicht war der Mann ein Priester, der uns in die Irre führen wollte. Deshalb hat er sich uns in göttlicher Gestalt genähert?', überlegte er weiter. 'Mich könnte auch eine Art Fata Morgana gefoppt haben. Wie in der Wüste, in der schon viele Reisende durch Luftspiegelungen zum Narren gehalten worden sind.'

"Ich verstehe einfach nicht, was Quetzalcoatl gemeint hat", sann Tizoc indessen vor sich hin. "Welcher Weg in die Unterwelt soll unser Ziel sein?"

"Du glaubst, dass es wirklich der Gott Quetzalcoatl war, mit dem wir gesprochen haben?", fragte Philo, nicht ganz überzeugt. "Es könnte doch ein Priester gewesen sein, der sich als Quetzalcoatl verkleidet hat."

"Wie sollte ein Priester so durchscheinend und doch so wirklich aussehen?", widersprach Tizoc. "Nein, nein, es besteht kein Zweifel. Es war Quetzalcoatl." Eine Feststellung, die Tizoc weder zu verwundern noch aufzuregen schien. Er lebte eben mit den Göttern, die ein Teil von ihm waren. Außerdem beschäftigten ihn im Moment ganz andere Fragen. "Der Weg in die Unterwelt sei euer Ziel...", murmelte er vor sich hin.

"Die Unterwelt ist doch das Reich der Toten", meinte Philo. "Wollte er etwa sagen, dass wir sterben müssen, um ans Ziel zu gelangen?"

"Das kann ich mir nicht vorstellen", erwiderte Tizoc. Nachdenklich zog er die Stirn kraus. "Schließlich hat er auch vom Weg gesprochen. Aber was ist der Weg in die Unterwelt?"

"Meiner Meinung nach hat er gar nicht 'Unterwelt' sondern 'untere Welt' gesagt", meldete sich Togo zu Wort, der bisher geschwiegen hatte. "Ich denke, das ist ein Unterschied."

"Du hast recht!", erinnerte sich Philo. "Es war 'untere Welt'. Benutzt man bei euch 'Unterwelt' und 'untere Welt', wenn man vom Reich der Toten spricht?", wandte er sich an Tizoc.

"Nein, nur die 'Unterwelt' ist das Reich der Toten." Tizoc blickte auf den Boden. Mit dem Fuß versuchte er einen Kieselstein zu lösen, das sich zwischen zwei Steinplatten verfangen hatte.

"Was könnte dann die untere Welt sein?", überlegte Philo weiter. "Vielleicht einfach die Welt unter der Welt, in der wir leben."

"Ja, die Welt unter unserer Welt", stimmte Togo zu. "Und was ist das? Natürlich die Welt unter der Erdoberfläche."

"Genau!", spann Tizoc den Faden wie ein Detektiv fort. "Und wie gelangt man am einfachsten unter die Erdoberfläche? Ganz klar: Durch unterirdische Gänge oder Höhlen."

Plötzlich hatte Tizoc einen Gedanken, der so einfach und klar schien, dass er nicht verstehen konnte, warum er erst jetzt darauf kam. "Dass ich nicht gleich daran gedacht habe", stöhnte er. Vor Aufregung fing er an, mit den Händen zu fuchteln und auf der Stelle zu tänzeln. Dann begann er hastig zu erzählen: "Es gibt hier in der Nähe eine Höhle. Doch keine normale Höhle! Alle schwören, sie sei verzaubert! Aus uralten Zeiten ist überliefert, dass jeder, der die Höhle betritt, über kurz oder lang erkrankt und stirbt. Ob das wirklich stimmt, vermag niemand zu sagen. Denn natürlich will es keiner ausprobieren."

Tizoc machte eine kurze Pause, um Atem zu schöpfen. "Eigentlich hat die Höhle keinen Namen. Von manchen wird sie jedoch Höhle des bösen Zaubers genannt. Und wisst ihr, wie sie zuweilen auch heißt?" Die Freunde schüttelten ungeduldig den Kopf und blickten gebannt auf Tizocs Lippen. Dieser genoss die gespannte Stille, in der man auch einen Floh hätte husten hören. Dann sagte Tizoc, wobei er jedes Wort einzeln betonte: "Höhle der Finsternis".

"Das ist es!", rief Philo, der vor Erregung ganz rot im Gesicht wurde. "Der Weg in die untere Welt ist der Weg in diese Höhle. Wir müssen in die Höhle der Finsternis gehen." Der Gedanke wirkte auf ihn so elektrisierend, dass es aussah, als würden seine Beine allein losflitzen. "Kommt, bevor es zu spät ist!" Philo griff Tizoc am Arm, um ihn hinter sich herzuziehen.

Schon waren die Freunde losgestürmt, da zögerte Tizoc wieder. "Aber wir müssen aufpassen, dass sich unser Odem nicht mit der Finsternis paart. Das hat Quetzalcoatl auch gesagt. Wie sollen wir das nur machen?"

Noch ein Rätsel! Hatten die Gesichter der Freunde eben voller Energie gestrahlt, so verschwand das Leuchten aus ihren Mienen wieder. Würden sie es jemals schaffen, die geheimnisvolle Botschaft zu entschlüsseln? Die Worte waren einfach zu verwirrend!

"Odem ist eine andere Bezeichnung für Atem",

sagte Togo halblaut vor sich hin. "Unser Atem soll sich nicht mit der Finsternis paaren. Wie aber paart sich der Atem mit der Finsternis?"

"Vielleicht, indem sich der Atem mit der Finsternis mischt."

"Und wenn sich unser Atem nicht mit der Finsternis der Höhle mischen darf", überlegte Philo weiter, "sollen wir vielleicht die Luft in der Höhle nicht einatmen."

"Das könnte sein", stimmte Tizoc dem Freund zu. "Aber wie ist das zu schaffen? Wir können schließlich nicht in die Höhle gehen, ohne zu atmen!"

Togos Augen blitzten verschmitzt. "Wir gehen eben hinein und halten den Atem an", quakte er vergnügt. "Wenn sich Chichi in der Höhle aufhält, sehen wir ihn wenigstens noch einmal, bevor wir ersticken!"

Die Jungen lachten. "Oder wir bauen einen langen Halm aus vielen Strohhalmen", schlug Tizoc vor. "Das eine Ende des Riesenhalmes bleibt draußen, während wir mit dem anderen Ende im Mund in die Höhle marschieren. Vielleicht reicht die Luft, die durch den Halm strömt."

"Falls wir mit dem Halm nicht irgendwo hängen bleiben", warf Philo ein. "Oder eine Höhlenmaus daran knabbert, weil sie so tolles Stroh gut gebrauchen kann." Amüsiert sahen die Freunde einander an. Sie könnten natürlich auch den Wind in einem Sack einfangen. Wenn sie den Sack dann in der Höhle vor den Mund hielten, um die Luft einzuatmen, würden sie wie gespensterhafte Gestalten mit vorstehendem Riesenmaul aussehen. Die Gauner müssten sie für Monster halten!

Unerwartet wurde Philo ernst. Er hatte eine Idee. "Ich glaube, wir machen uns einen Mundschutz, wie ihn die Ärzte tragen."

"Einen Mundschutz?", wiederholte Tizoc. “Was ist denn das?", fragte er.

"Das ist ein Stück Stoff, das man sich vor den Mund spannt", erklärte Philo. "Die Ärzte tragen solche Mundschutze, damit sie die Bakterien und Viren der Kranken nicht einatmen oder diese mit ihren eigenen Keimen anstecken."

"Bakterien? Viren?" Tizoc wurde zunehmend verwirrter. "Wovon redest du eigentlich?"

Erst jetzt wurde Philo bewusst, dass Tizoc all diese Dinge nicht kannte. Es würde schließlich noch Jahrhunderte dauern, bis man die winzigen Lebewesen entdecken würde. Deshalb beeilte er sich, seinen Einfall zu erläutern. "Durch einen Mundschutz gelangt nicht die ganze Höhlenluft in unseren Körper, so wie auch nur ein Teil unseres Atems in die Höhle kommt. Also mischt sich unser

Odem nicht wirklich mit der Luft der Finsternis, sondern nur ein Teil."

Die Freunde schwiegen eine Weile. Schließlich meinte Togo: "Ich glaube, das ist die beste Idee. Wir sollten es versuchen."

"Ihr habt Recht," nickte auch Tizoc. "Aber woher bekommen wir einen Mundschutz?"

Suchend blickte sich Philo um, doch er konnte nichts entdecken, was hilfreich gewesen wäre. Die Steinwächter in der Opferstätte wollte er nicht entkleiden, um aus ihren Stoffen einen Mundschutz zu basteln. Da fiel sein Blick auf das lange Hemd, das er selbst trug. "Ich denke, ich kann ein Stück von meinem Hemd entbehren", sagte er und begann sogleich, einen Streifen am unteren Ende abzureißen. Dann teilte er diesen Streifen in zwei größere und ein kleineres Stoffstück. Anschließend knotete er den Strick auf, der um seine Taille gebunden war, und trennte einige Fäden ab. Diese befestigte er an den Stoffstücken - und fertig war der Mundschutz. "Wunderbar", quakte Togo begeistert. "Dann nichts wie los!" Und er sprang voller Eifer zu Boden und hüpfte in Richtung der Türöffnung, aus der sie gekommen waren. Die Jungen schickten sich an, dem Frosch durch den weiten Saal zu folgen.

Der Ausgang

In diesem Moment entdeckte Tizoc in der Nähe eine schmale Tür, die hinter einer Säule verborgen war. Kurzentschlossen ging er dorthin und zog an einem bräunlichen Griff, der an der linken Seite befestigt war. Sofort öffnete sich die Holztür ohne das geringste Geräusch.

"Seht mal, hier ist ein Ausgang", rief er den Freunden zu, die bereits den halben Saal durchquert hatten.

"Woher willst du wissen, dass es ein Ausgang ist?", fragte Philo, als er näher gekommen war. "Vielleicht versteckt sich dahinter ein Gang, der weiter in die Pyramide hineinführt."

"Das kann schon sein", antwortete Tizoc, "Das werden wir aber nie erfahren, wenn wir nicht nachschauen." Schnell verschwand er in der düsteren Öffnung.

Togo hüpfte wieder auf die Schulter von Philo, der Tizoc zögernd folgte. Mit Händen und Füßen tastete er sich vorsichtig durch die Dunkelheit, die ihn nach dem Verlassen der Halle sofort umfing. Er stellte fest, dass eine Treppe hinter der Tür schroff in die Tiefe führte.

Langsam stiegen Philo und Tizoc die Stufen hinab, die sich in der Finsternis verbargen. Ihre Finger glitten an den Mauern entlang, um Halt zu suchen, falls sie ins Stolpern gerieten. Endlich gelangten sie an das Ende der Treppe. Doch wie ärgerlich: Vor ihnen erhob sich eine undurchdringliche Steinwand.

Ratlos suchten sie eine Öffnung, durch die sie hätten schlüpfen können. Aber es war nicht einmal ein Loch zu finden, überall versperrten harte, kantige Steine den Weg.

"Ich glaube, wir müssen umkehren", sagte Philo. "Hier geht es nicht weiter."

"Ich kann mir aber nicht vorstellen, dass der Gang ohne Sinn und Zweck gebaut worden ist", erwiderte Tizoc. "Irgendwohin muss er führen!"

Er begann, die Wände abzutasten, wobei er leicht gegen die Steine drückte. Und siehe da: Mit einem Male öffnete sich eine kleine, geheime Tür, die mit Geröll verkleidet und daher nicht sichtbar gewesen war. Es war eine sehr niedrige und schmale Tür, durch die sich ein Mensch nur mit Anstrengung zwängen konnte.

Mühsam quetschten sich die Jungen durch das Loch und hielten verblüfft inne: Sie befanden sich im Freien! Über ihnen breitete sich der sternenklare Nachthimmel aus.

"Das kann doch nicht wahr sein, wie ist das nur möglich?", staunte Philo und blickte sich um. "Ewig sind wir in die Pyramide hineingelaufen. Und nun mussten wir nur eine kurze Treppe hinuntersteigen und stehen wieder draußen!" Noch erstaunter fügte er hinzu: "Wo sind wir eigentlich?" Denn er konnte den Schlangentempel nirgendwo entdecken.

Die Öffnung, durch die sie geschlüpft waren, hatte man in eine langgestreckte Mauer eingelassen. Sowohl auf der rechten als auch auf der linken Seite zog sie sich endlos dahin. "Ist das nicht die Mauer, die den Tempelbezirk umschließt?", fragte Philo den Freund.

"Ja, das stimmt", antwortete Tizoc. "Wir stehen jetzt außerhalb des Tempelbezirkes. Es ist mir ein Rätsel, wie wir hierher kommen konnten!"

"Das Rätsel kannst du ein andermal lösen", quakte Togo. "Wir müssen zur Höhle der Finsternis! Denn spätestens bei Tagesanbruch wird uns die Müdigkeit derart übermannen, dass wir einschlafen, egal, wo wir sind. Und wenn wir aufwachen, sind wir nicht mehr in Tenochtitlan, sondern im Bett bei Philos Großvater."

Flink hüpfte Togo auf die Straße, die friedlich vor ihnen ruhte. Keine Menschenseele war zu entdecken. Mit großen Sprüngen entfernte sich Togo von den Jungen, die ihm eilig folgten. "Bevor wir sanft einschlummern, wollen wir doch Tizoc helfen, seinen Chichi zu befreien, nicht wahr?", rief er Philo zu.

"Natürlich!", pflichtete ihm Philo bei. Er hatte vollkommen vergessen, dass er bald wieder beim Großvater sein würde. Auch hatte er sich bisher keine Gedanken darüber gemacht, wie sie in die Gegenwart zurückkehren könnten. Denn das war nebensächlich, schließlich mussten sie Chichi finden! Mit weit ausladenden Schritten stürmte Philo den Weg entlang. Nach einigen Minuten landete Togo mit einem gezielten Sprung wieder auf Philos Schulter. Wozu die eigenen Kräfte vergeuden, wenn man so bequem vorankommen konnte?

Hastig durchquerten die Kameraden die schlafende Stadt. Angestrengt bemühten sie sich, die Straßen leise und unbemerkt zu passieren. Doch bei jedem Schritt auf dem Steinboden knirschte es und zerstörte fast schmerzend die verträumte Stille.

Von den Häusern blickten die schwarzen Löcher der Fenster dumpf auf sie herab. Nirgends regte sich etwas, nur ab und zu schreckte ein Vogel mit leisem Zwitschern aus seinem Schlaf. In der Ferne schlug von Zeit zu Zeit ein Hund an - vielleicht hatte ihn eine Ratte am Schwanz gezwickt?

Endlich erreichten die Jungen die schwimmenden Gärten und schlugen den Weg auf dem Norddamm in Richtung Seeufer ein. Es war eine kühle Nacht. Eine frische Brise wehte über den See, welche die Kinder zu einem anderen Zeitpunkt hätte frösteln lassen. Doch heute erhitzte sie der zügige Lauf dermaßen, dass der Wind angenehm frisch über ihre Haut strich. Leise plätscherte das Wasser gegen den Damm, um sich danach sogleich wieder in die Schwärze des Sees zurückzuziehen. Eine Schwärze, die vielköpfige Ungeheuer zu verbergen schien. Doch gab es auf der Oberfläche des schlummernden Gewässers auch Stellen, die hell schimmerten und zu einem Bad in weiß glänzendem Nass einluden. Denn der Mond stand noch immer leuchtend am Himmel und tauchte nicht nur den Weg in sein kaltes Licht, sondern ließ seine Strahlen auch in den silberhellen Wellen ruhen. Eine verstörte Ente brach aus dem Schilf hervor, so dass die Wassertropfen wie glitzernde Funken auseinanderstoben.

Es war eine lange Strecke, die die Freunde zurücklegen mussten. Sie spürten, wie ihre Beine immer kraftloser wurden. Die Füße begannen zu schmerzen und schienen eine Zentnerlast mitzuschleppen. Auch fiel es ihnen plötzlich schwer, die Augen aufzuhalten. Sie hatten das Gefühl, ein

Gewicht würde ihnen die Lider unaufhörlich niederdrücken. Doch sie wollten sich nicht unterkriegen lassen! Tapfer marschierten sie weiter, ohne ihre Müdigkeit zu beachten.

Das bellende Prusten

Endlich hatten Philo, Tizoc und Togo das Seeufer erreicht. Vor ihnen lag ein dunkler Wald, dessen Bäume gespenstisch schimmerten.

"Sind wir auf dem richtigen Weg?", fragte Philo leise. Verstohlen blickte er zu den Bäumen, die ihre knorrigen Arme nach ihnen ausstreckten.

"Ich denke schon", antwortete Tizoc. Auch er sah mit leisem Schaudern auf die finsteren Gestalten, die, so schien es, auf sie warteten. "Wir müssen einfach in diese Richtung gehen", meinte er, wobei er direkt in den Wald wies. "Dann sollten wir nach kurzer Zeit zu der Höhle kommen."

Philo holte tief Luft und sagte betont gleichmütig: "Gut, gehen wir."

Langsam liefen sie in den Wald hinein, während sie aufmerksam den nächtlichen Geräuschen lauschten. Bei jedem lauteren Knacken zuckten sie zusammen, als hätte sie eine unsichtbare Hand berührt. Glücklicherweise leuchtete auch hier der Mond, so dass sie die vielarmigen Umrisse der Bäume erkennen konnten.

Plötzlich wurde Philo von hinten gepackt. Etwas hielt ihn mit eiserner Faust am Ärmel fest.

Vor Entsetzen sträubten sich ihm die Nackenhaare. Hektisch stemmte er sich gegen den unsichtbaren Feind, doch er konnte sein Hemd nicht aus der Umklammerung lösen. Zitternd zerrte und zog er an seinem Hemd. Ohne Erfolg. Dann gab es ein lautes Krachen - und Philo fühlte sich befreit.

"Tizoc!!!", schrie er und stürzte dem Freund hinterher. Dieser blieb erschrocken stehen, so dass Philo ihn beinah umrannte. "Miiich hat jjjjemand festgehaaalten", stotterte er, während ihm die Knie schlotterten.

Tizoc spähte umher und begann zu grinsen. Mit einem schnellen Griff zog er einen Ast hervor, der noch immer in Philos Hemd gesteckt hatte.

"Oh Mann, so ein Schreck!", stöhnte Philo. "Was ist nur los mit mir?"

Vorsichtig setzten die Freunde ihren Weg fort. Und wünschten von Herzen, ohne weitere Zwischenfälle zu der Höhle zu gelangen. Aber mit einem Mal gab es ein ohrenbetäubendes Prasseln und Rascheln und etwas brach aus dem Unterholz hervor. Die Kinder schraken zurück, als hätte ihnen jemand einen Stoß vor die Brust versetzt. Dabei stolperten sie ein paar Schritte in die Richtung, aus der sie gekommen waren. Glücklicherweise entfernte sich das Geräusch so schnell, wie es gekommen war.

Es verlor sich in der Weite des Waldes. Sie hatten wohl ein Tier aus dem Schlaf gerissen, das vor ihnen die Flucht ergriffen hatte.

Weiter kletterten sie über heruntergefallene Äste und Stümpfe, die den Wald zu einem unwegsamen Gelände machten. Endlich sahen sie, wie die Bäume sich lichteten. Vor ihnen lag eine kleine Wiese, die sich am Rande eines Berges befand. Der Berg war mit Bäumen und Sträuchern bewachsen, die ihnen in der Dunkelheit geheimnisvoll zuzuzwinkern schienen. Direkt vor ihnen, am Fuße des Berges, türmten sich einige Felsen auf und ragten steil in die Höhe.

"Dort muss der Eingang der Höhle sein", sagte Tizoc und wies auf die glatten, grauen Felsen, die gemeinsam ein riesiges Tor formten. Was nichts an der Tatsache änderte, dass sie nirgendwo Durchschlupf gewährten!

"Und was machen wir jetzt?", fragte Philo, der zwischen den nächtlichen Schatten des Waldes umherspähte. Gerade wollte Tizoc antworten, da unterbrach ihn Togo: "Pst, ich höre etwas. Ich glaube, da kommt jemand."

Rasch versteckten sich die Kinder hinter einem Baum am Wiesenrand und lauschten gespannt. Jetzt hörten auch Philo und Tizoc merkwürdige Laute, welche die nächtliche Stille zerrissen. Es war eine Art bellendes Prusten, das langsam näher kam. War das ein Hund, der in der Höhle versteckt worden war? Oder stammte das Geräusch von einem Tier, das sie nicht kannten? Mit Adleraugen versuchten die Freunde, die Dunkelheit zu durchdringen. Doch obwohl das bellende Prusten immer lauter wurde, regte sich weder vor der Höhle noch auf der Wiese irgendetwas.

Aber was war das? Bewegte sich am Rand der Höhle nicht plötzlich doch etwas? Es sah aus, als würde langsam ein Stein zur Seite geschoben werden. Reglos starrten Philo, Tizoc und Togo auf die dunkle Gestalt, die hinter dem Felsbrocken auftauchte.

Eigentlich waren sich die Jungen sicher, dass dort ein Mann zugange war. Doch irgendwie sah er merkwürdig aus: Er war in sich zusammengesunken und richtete sich nicht auf. Im nächsten Augenblick ertönte wieder das bellende Prusten - und die Freunde erkannten, dass der Mann von einem furchtbaren Husten geschüttelt wurde.

Nachdem der Anfall vorüber war, lief der Unbekannte ein paar Schritte auf die Wiese hinaus, so dass er nicht mehr im Schatten des Berges stand und sein Gesicht vom Mond beschienen wurde.

"Er ist es, er ist es", stieß Philo aufgeregt hervor.

"Das ist der Mann, der den Hund hinter sich hergezerrt hat." Schnell legte ihm Tizoc die Hand auf die Lippen. Doch zu spät. Der Mann hatte aufgeschaut und lauschte in ihre Richtung. Die Jungen hielten den Atem an.

Der Mann blickte zu ihnen herüber und kam langsam auf sie zu. Am Rande der Wiese, direkt hinter ihrem Baum, blieb er stehen und horchte angestrengt in die Dunkelheit. Philo und Tizoc hatten das Gefühl, ihr Pulsschlag, der laut in ihren Ohren dröhnte, müsse sie verraten. Doch der Mann harrte nur einen Moment aus und kehrte dann zur Höhle zurück. Kurz vor der Öffnung stockte er und stützte sich an den Felsen - ein erneuter Husten brach aus seinen Lungen hervor. Nachdem er sich mühsam beruhigt hatte, verschwand er hinter dem Felsblock.

In der Höhle

"Das ist der Mann, den wir beobachtet haben", erklärte Philo ungeduldig. "Wir müssen ihm folgen!" Schnell sprang er auf und zog Tizoc hinter sich her. "Rasch, sonst finden wir in der Dunkelheit nicht den Eingang zur Höhle." Und ohne den Blick von der Stelle zu wenden, an welcher der Mann verschwunden war, rannte er auf die Höhle zu.

Auf halbem Weg hielt ihn Tizoc zurück. "Denk daran, was Quetzalcoatl gesagt hat: Unser Odem darf sich nicht mit der Finsternis paaren." Er zog den Mundschutz hervor.

"Ach, das hätte ich ganz vergessen", sagte Philo. Mit wenigen, geschickten Handgriffen band er erst Tizoc, dann Togo und schließlich sich selbst den Stoff vor den Mund.

Als sie einander in ihrer Vermummung anblickten, mussten sie lachen. Togo wirkte wie ein Froschdoktor, der sich für eine Operation bereit machte. Mit wichtiger Miene sprang er auf den nächsten Baumstamm, als wolle er einen Froschpatienten empfangen. Noch war er nicht sicher: Sollte er ihm ein paar Mäuseohren annähen oder lieber einen Storchenschnabel verpassen?

Doch für langes Grübeln blieb ihm keine Zeit, denn Philo ergriff ihn und setzte ihn wieder auf seine Schulter. Nur noch ein paar Schritte und schon standen sie vor dem Eingang zur Grotte, den der Mann einen Spalt breit offen gelassen hatte.

Vorsichtig schoben sie den Stein zur Seite und betraten die Höhle. Ein schmaler Raum empfing sie, in den ein schwacher Lichtschein fiel. Die Helligkeit schimmerte durch eine Ritze im Hintergrund. Auf Zehenspitzen durchquerten die Jungen den Raum und näherten sich der Öffnung. Sie bewegten sich langsam, bemüht, auch das geringste Geräusch zu vermeiden. Gespannt lugten sie durch die Ritze.

Vor ihnen breitete sich ein saalartiges Höhlengewölbe aus, das sich endlos in die Tiefe zu erstrecken schien. Überall hingen Steingebilde von der Decke herab, die kunstvoll geformt waren. Scheinbar die Arbeit eines Bildhauers, der die Tiergestalten und Plastiken mit viel Energie und Mühe vollendet hatte. Mit aufgerissenen Augen betrachteten die Freunde verblüfft die Adler, Jaguare und aztekischen Krieger, die ihnen aus dem Halbdunkel bald bedrohlich, bald neckisch entgegenblinzelten.

An den Wänden hingen ein paar Fackeln, die mit

ihrem unruhigen Schein die Höhle erleuchteten. Immer wieder ließen sie tanzende Schatten entstehen, die sich mal als riesiges Krokodil, mal als prächtiger Thron entpuppten. Merkwürdig war nur, dass die Steine aussahen, als wären sie aus tropfendem Wachs geformt. Irgendwo hatte Philo solche Steine schon gesehen. Aber wo? Vielleicht in einem Museum für moderne Kunst?

"Ich weiß", flüsterte er in einer plötzlichen Eingebung. "Das ist eine Tropfsteinhöhle! Das ist gar nicht das Werk eines Bildhauers, sondern das Werk der Natur! Diese Steine sind durch tropfendes Wasser entstanden! In Tausenden von Jahren!"

Staunend blickten Philo, Tizoc und Togo auf die Wölfe, Boote und Prinzessinnen, die gar keine Wölfe, Boote und Prinzessinnen waren. Sie musterten lange die phantastischen Figuren und Bilder.

Kein Wunder, dass sie die Steinkäfige im ersten Moment gar nicht bemerkten, die an einer Seite der Höhle aufgereiht waren. Da drangen scharrende und winselnde Geräusche mal leise, mal lauter an ihr Ohr. Suchend sahen die Freunde umher und entdeckten die Tiergefängnisse, die mit Holzdeckeln verschlossen waren.

"Seht doch", raunte Togo. "So viele Tiere auf einem Fleck. Das scheint ja der reinste Zoo zu sein."

Vorsichtig schauten sie sich um. Wo steckte der finstere Mann? Machte er sich in einem entfernten Winkel zu schaffen oder hatte er die Höhle wieder verlassen?

Da die Jungen ihn nirgendwo erblicken konnten, zwängten sie sich behutsam durch die spaltartige Öffnung. Dann schlichen sie auf Zehenspitzen vorwärts, immer bemüht, hinter vorstehenden Felsen Deckung zu finden.

Schließlich erreichten sie den ersten Käfig. Sie beugten sich hinunter und sahen durch eine schmale Ritze in der Kastenwand. "Ein Hund!", rief Tizoc und schnellte erregt hoch. "Ich glaube, wir sind auf der richtigen Spur! Irgendwo hier muss Chichi stecken!"

Rasch lief er zum nächsten Käfig. "Auch ein Hund", stieß er hervor. Alle Vorsicht vergessend eilte er von Tiergefängnis zu Tiergefängnis, ohne sich weiter zu verbergen.

In diesem Moment ertönte das bellende Husten, das sie bereits kannten. In der Weite des Gewölbes klang es seltsam hohl und röchelnd. Sofort duckten sich die Jungen hinter einem Stein, der die Form eines Schutzschildes hatte.

Nun sahen sie den Mann. In ziemlicher Entfernung hatte er begonnen, sich an einem der Käfige zu schaffen zu machen. Eine kräftige Hustenattacke hatte seine Arbeit unterbrochen. Jetzt hielt er seine Hände auf die Brust gepresst, während sich sein Oberkörper zusammenkrampfte. Scheinbar hatte er den Holzdeckel der Kiste in der Hand gehalten und bei seinem Anfall fallen gelassen. Nun versuchte ein Hund aus dem halboffenen Käfig zu entwischen. Doch der Husten ließ nach - und der Mann entdeckte, wie sich das arme Tier zu befreien suchte.

"Hier geblieben, du Mistvieh! Meinst du vielleicht, dass du so einfach wegkommst?" Und mit einem heftigen Stoß schubste er den Hund zurück in die Kiste. Ein lautes Jaulen jagte sirenenartig durch die Höhle und schien die Tropfsteine in Schwingungen zu versetzen.

"Das ist Chichi!", presste Tizoc wütend hervor. Empört richtete er sich hinter dem Steinschild auf. Er machte einen Schritt, um aus dem Versteck hervorzustürzen und zu seinem Hund zu laufen. Philo packte ihn und hielt ihn fest. Nur mit Mühe gelang es ihm, ihn zurückzuhalten. "Das ist wirklich Chichi!", wiederholte Tizoc aufgeregt und versuchte, Philos Hand von seinem Arm zu lösen.

"Warte doch erst einmal, bis der Mann verschwindet", flüsterte Philo. "Oder willst du mit ihm kämpfen? Er ist viel größer und stärker als wir. Und wer weiß, vielleicht hat er Komplizen!"

Man sah, wie schwer es Tizoc fiel, hinter den Stein zurückzukriechen und zu verharren. Doch Philo hatte recht, er musste warten, bis der Mann sich entfernt hatte. Nachdem der Mann den Käfig sorgsam verschlossen hatte, lief er zum Ausgang der Höhle. Die Freunde hörten, wie der Felsen knirschend zur Seite geschoben wurde. Stille.

Sie warteten noch einen Moment, dann tauchten sie aus ihrem Versteck auf. In wenigen Sekunden war Tizoc bei der Kiste und hob den Holzdeckel. Mit freudigem Gebell flog ihm der befreite Hund entgegen. Immer und immer wieder sprang Chichi an seinem Herrchen hoch und versuchte, ihm Gesicht und Hals zu lecken. Auf seinen Hinterpfoten vollführte er regelrechte Freudentänze, während sein Schwanz fröhlich hin- und herpeitschte.

"Chichi, mein Chichi!", jubelte Tizoc und umarmte seinen Hund ein über das andere Mal. "Endlich habe ich dich wieder!" Er ließ sich von Chichi zu Boden werfen und rollte mit ihm vergnügt über die harten Steine.

Gefangen!

Philo, Tizoc und Togo waren überglücklich. Chichi wirbelte gesund und munter vor ihnen hin und her. Dabei hatten sie in manchen Momenten gar nicht mehr geglaubt, den Hund wirklich aufspüren zu können - auch wenn sie das niemals zugegeben hätten! Verständlich, dass sie in ihrer Freude die Gefahr vergaßen, in der sie noch immer steckten. Laut schallten Chichis Gebell und ihre Rufe durch die Höhle, so dass die anderen Tiere unruhig wurden.

"Das ist aber rührend!", ertönte plötzlich eine knarrende Stimme hinter ihnen.

"So eine Wiedersehensfreude! Da kommen mir ja wirklich die Tränen!"

Erschrocken fuhren die Jungen herum - und sahen den finsteren Mann vor sich stehen. Er hielt ein glattes Steinmesser in der Hand, das im Schein der Fackeln aufblinkte. In leicht gebückter Angriffshaltung ging er auf die Kinder zu. Ein freches Grinsen verzerrte seine Lippen. Was sollten sie tun? Krampfhaft versuchten sie, einen klaren Gedanken zu fassen.

Der Gauner nutzte ihre Verwirrung und handelte

blitzschnell. Er packte die Kinder und fesselte sie mit wenigen, kurzen Umschlingungen eines Seils, das an seinem Gürtel gehangen hatte. Jede Gegenwehr war zwecklos.

"Ihr seht ja richtig putzig aus", höhnte der Kerl, nachdem er fertig war. Ein bösartig gebelltes Lachen entstellte sein Gesicht. "Gehört eure Verkleidung vielleicht zu einem Kriegsspiel? Na ja, ist auch egal", sagte er und schubste die Gefangenen in eine Ecke. "Ihr bleibt hier jedenfalls liegen. Und wagt ja nicht, euch zu rühren!" Seine drohenden Augen durchbohrten Philo und Tizoc. "Sonst ergeht es euch schlecht!" Noch ein grimmiger Blick, dann wandte er sich dem Hund zu und stieß ihn wieder in die Kiste. Nachdem er sie bedächtig verschlossen hatte, verließ er die Freunde.

"Wenigstens hat er uns den Mundschutz nicht weggenommen", flüsterte Philo nach einem Moment bedrückten Schweigens. Er rückte ein wenig hin und her, um bequemer zu liegen. "Scheuert der Strick deine Handgelenke auch so sehr?", fragte er. Und ohne eine Antwort abzuwarten, überlegte er: "Aus welchem Material ist dieses schreckliche Seil eigentlich?"

"Aus Palmenblättern", antwortete Tizoc. "Es wurde aus Palmenblättern geflochten." Dabei sah er sich suchend um. "Wo ist Togo?"

Richtig, Philo hatte Togo ganz vergessen. Wo mochte er nur stecken? "Togo", rief er leise. Nichts rührte sich. "Togo, wo bist du?", wiederholte er etwas lauter. Noch immer keine Antwort. War dem Kobold etwas zugestoßen? Hatten sie ihn getreten, ohne es zu bemerken?

Schon wollte Philo ein drittes Mal rufen, da quakte es dicht über ihren Köpfen: "Aus Palmenblättern sind eure Fesseln? Interessant, wirklich, sehr interessant!" Togo hockte auf einem Steinvorsprung und wiegte den Kopf nachdenklich hin und her.

"Ein Glück, dass dir nichts passiert ist!", freute sich Philo. Er war erleichtert, den Frosch unversehrt zu sehen.

"Was ist interessant?", fragte Tizoc. Togo antwortete nicht. Zu sehr beschäftigte ihn ein guter Einfall.

Philo begann, auf dem feuchten Boden unruhig zu zappeln, während seine Arme zerrten und zogen. Doch so sehr er sich auch mühte, es half nichts, der Strick saß fest. Er konnte die Fessel nicht lockern, geschweige denn sich befreien. "Hat er deine Hände auch so fest zusammengebunden?", fragte er Tizoc. Noch immer versuchte er, das Seil zu lösen, aber je mehr er sich anstrengte, desto schmerzhafter schnitt es in seine Handgelenke.

"Es hat keinen Sinn", meinte Tizoc, der sich gleichfalls an seiner Fessel zu schaffen gemacht hatte. "Je mehr wir zerren, desto stärker zieht sich das Seil zusammen." Enttäuscht ließen die Jungen von ihren Bemühungen ab und starrten vor sich hin. Wenn ihnen nicht bald eine geniale Idee käme, wie sie diesem Schlamassel ein Ende setzen könnten, müssten sie hier liegen bleiben! Und was geschähe dann? Freiwillig ließe der Mann sie sicher nicht gehen - dafür war er zu skrupellos und vorsichtig.

Während die Kinder ihren trübseligen Gedanken nachhingen, war Togo von seinem Stein heruntergehüpft. "Leg dich mal auf die Seite und strecke deine Arme nach hinten", befahl er Philo.

"Wieso denn das?"

"Mach einfach, ich will etwas versuchen", antwortete der Frosch.

Philo wälzte sich auf die Seite und streckte seine Arme, die auf dem Rücken gefesselt waren, nach hinten. "Das ist aber ganz schön unbequem", ächzte er. "Hoffentlich dauert dein Versuch nicht lange."

Er spürte, wie Togo auf die Fessel sprang. "Was tust du denn?", erkundigte er sich, doch der Frosch gab keine Antwort. Stattdessen spürte Philo, wie etwas Flüssiges, Warmes seine Hände herunterlief.

"Was ist das?", rief er aus.

Tizoc, der alles beobachtet hatte, begann zu lachen. "Seine Blase war wohl kurz vor dem zerplatzen!", prustete er. "Und deine Fessel ist wahrscheinlich ein gemütlicher Ort, um sie zu entleeren."

"Bist du denn verrückt geworden?", empörte sich Philo und schüttelte den Frosch ab. Mühsam rappelte er sich hoch und warf Togo einen verärgerten Blick zu. "Was soll das? Warum besprenkelst du mit deinem Wasser nicht eine der hundert Ecken hier?"

Doch Togo achtete gar nicht auf ihn. "Lass mich mal deine Fessel sehen", forderte er Philo auf.

"Warum? Bin ich nicht nass genug?", murrte Philo unwirsch. Dann streckte er ihm aber doch seine gebundenen Hände entgegen. Togo musterte das Seil. "Versuche jetzt einmal, das Seil zu dehnen."

Philo war noch immer ungehalten. Dennoch mühte er sich, die Fessel zu lockern. Er spannte seine Muskeln an, so dass sie sich auf seinen Oberarmen deutlich abzeichneten, und drückte die Hände auseinander. Ab und zu ließ er ein leichtes Stöhnen und Schnaufen vernehmen.

"Ich glaube, es ist etwas lockerer geworden", stieß er hervor. Dann nahm er noch einmal all seine Kräfte zusammen. Er presste die Hände gegen das Seil und hielt die Luft an, so dass er puterrot im Gesicht wurde.

"Es klappt, es klappt!", keuchte er aufgeregt und zog und zerrte, bis das Seil zu Boden glitt. Schnell löste er seine Fußfessel und befreite auch Tizoc. "Wir haben es geschafft!", jubelte er und fiel dem Freund um den Hals.

Dann hob er den Frosch empor: "Ach Togo, es tut mir furchtbar leid, dass ich dich beschimpft habe. Du hast uns gerettet! Ich hätte nie gedacht, dass ein Seil aus Palmenblättern gedehnt wird, wenn ein Frosch darauf sein Wasser lässt!"

"Der Frosch muss natürlich gut zielen können", lachte Togo.

Doch schnell wurde er wieder ernst. "Jetzt müssen wir aber aufpassen, dass wir dem Mann nicht noch einmal in die Falle tappen. Wo steckt er überhaupt?"

Aufmerksam spähten sie durch die Höhle, vorbei an den Adlern, Jaguaren und Prinzessinnen. Der Mann war nirgendwo zu sehen. Im Fackelschein bewegten sich Schatten an den Höhlenwänden auf und nieder, doch immer, wenn die Freunde glaubten, den Gauner entdeckt zu haben, entpuppte er sich als tanzendes Höhlengestein.

Also schlichen sie zu dem Käfig, in dem Chichi

gefangen war. Sie waren nur noch wenige Meter von dem Tier entfernt, als etwas sanft über Philos Haar strich. Sofort duckte er sich tief zu Boden. Da! Schon wieder! Den Kopf zwischen den Schultern griff er nach Tizocs Arm. Allmählich hatte er genug von all den Monstern, Göttern und finsteren Gestalten. Abermals kam ein dunkler Schatten auf sie zugeflattert und flog dicht über ihren Häuptern hinweg. War das vielleicht eine Hexe, deren Mantel lang herunterhing? Oder ein Höhlengeist, der ihm die Haare kämmen wollte? Erneut näherte sich das Schreckensgespenst - und Philo erkannte eine kleine Fledermaus. Erleichtert löste er seine Finger von Tizocs Arm, in den er sich ungewollt heftig gekrallt hatte.

Plötzlich kam ihm eine Idee: Hatte Tizoc nicht von einem unheimlichen Zauber der Höhle erzählt, der die Menschen krank machte und sterben ließ? Vielleicht war das gar kein Zauber! Philo hatte in einer Zeitschrift gelesen, dass man im Kot von Fledermäusen so etwas wie Sporen gefunden hatte. Diese Sporen griffen die Lungen von Menschen an, die sie einatmeten. Kein Wunder, dass der Gauner so fürchterlich vor sich hinhustete.

In diesem Moment stieß Tizoc mit gepresster Stimme hervor: "So ein elender Kerl!" Vor Empörung hatte sich sein Gesicht leicht gerötet. Er wies auf eine Ecke, in der ein großer flacher Stein lag. Dieser wirkte wie ein Tisch, der mit merkwürdigen, dunklen Flecken besprenkelt war. Auf dem Tisch lag ein Steinmesser, dessen Längsseite scharf geschliffen war. Daneben erkannte Philo kleine Fleischreste und Knochen, die einen beißenden Geruch verbreiteten.

"Was ist das?", fragte Philo verwundert.

"Ein Tisch, auf dem der Kerl das Futter für die Hunde vorbereitet. Er hat die Hunde gestohlen, um sie in ihren engen Käfigen zu mästen!", zischte Tizoc. Seine Brust wogte auf und ab. "Sind die Hunde dick genug, verkauft er sie auf dem Markt." Seine Augen verengten sich hasserfüllt. "Und was macht der normale Käufer mit einem gemästeten Hund? Er isst ihn."

"Ihr esst Hundefleisch?"

"Ja, sicher ", antwortete Tizoc. Er kämpfte mit sich, um seiner Erregung Herr zu werden. "Sehr viele Azteken haben zu Hause Hunde und Truthähne. Ist die Zeit der Tiere reif, werden sie verspeist. Aber natürlich endet nicht jeder Hund als Mahlzeit." Wütend spähte er durch die Höhle, doch der Mann war noch immer nicht zu sehen.

"Lasst uns endlich Chichi holen, aber mäuseschnell!", trieb Togo die Jungen an. "Dann verschwinden wir! Wir wollen von dem Kerl nicht ein zweites Mal geschnappt werden!"

Die Befreiung

Auf Zehenspitzen bewegten sich die Jungen zu der Kiste. Unter leisem Knarren öffneten sie den Deckel. Chichi sprang mit unterdrücktem Winseln aus seinem Gefängnis und wollte in Freudengebell ausbrechen. Blitzschnell hielt ihm Tizoc die Schnauze zu und redete leise auf ihn ein. Der Hund schien zu begreifen und wedelte nur noch eifrig mit dem Schwanz. Tizoc griff ihn im Nacken und zog ihn hinter sich her.

Leicht gebückt liefen die Jungen zum Ausgang. Dabei versuchten sie unwillkürlich, die Luft anzuhalten. Auch ihr Keuchen sollte sie nicht verraten. Sie glaubten, tief in der Höhle zu stecken und einen beträchtlichen Weg vor sich zu haben. Welch ein Glück, dass sie nach etwa hundert Metern den Ausgang erreichten.

Leise knirschend schoben sie den Stein zur Seite und schlüpften in die dunkle Nacht. Endlich! Sie hatten es geschafft! Erlöst rissen sie den Mundschutz von ihrem Gesicht und sogen die kalte Waldluft ein. Mit einem Mal fühlte sich die Brust mächtig und frei an.

Lächelnd wandte sich Philo den Freunden zu -

und erstarrte. Neben dem Höhleneingang saß der Mann! Er hatte sich auf dem Boden niedergelassen und mit dem Rücken gegen die Steine gelehnt.

Auch Tizoc hatte ihn entdeckt. Jetzt war alles aus! Der Mann würde sie fesseln und abermals in die Höhle schleppen! Die Jungen drängten aneinander und wichen Schulter an Schulter zurück. Unmerklich entfernten sie sich von dem Gauner.

Doch merkwürdig: Nichts geschah! Der Mann reagierte nicht! Irgendetwas war seltsam!

Der Räuber sah unnatürlich zusammengesunken aus, wie er so an der Höhlenwand lehnte. Unschlüssig warfen sich die Jungen einen Blick zu. Sie warteten. Noch immer regte sich der Hunderäuber nicht. War er eingeschlafen?

Die Freunde ließen noch einen Augenblick verstreichen, dann schlichen sie auf ihn zu. Plötzlich richtete sich der Mann auf! Philo und Tizoc fuhren zurück. Der Kerl murmelte etwas Unverständliches und sank erneut in sich zusammen. Sein Atem ging mühsam, während ab und zu ein Stöhnen aus seiner Kehle drang.

Abermals näherten sich die Kinder der sitzenden Gestalt. "Ich glaube, er ist krank", flüsterte Philo und beugte sich zu ihm hinab. Der Mann wurde wieder unruhig und warf den Kopf hin und her, während er undeutlich stammelte.

"Er sieht aus, als wenn er hohes Fieber hätte", meinte Philo. "Was sollen wir tun?"

"Ich habe dir doch gesagt, dass auf der Höhle ein Zauber liegt", sagte Tizoc, der nachdenklich auf den Mann hinabblickte. "Jeder, der die Höhle betritt, muss sterben!" Wortlos betrachteten sie den kranken Mann, der mit dem Fieber kämpfte.

"Wir müssen nicht sterben!", erklärte Philo, der sich gewaltsam aus seinen Betrachtungen riss. "Schließlich hat sich unser Odem nicht mit der Finsternis gepaart."

"Genau", stimmte Togo zu. "Also, was machen wir jetzt?" Trotz der Aufregungen konnte er ein Gähnen nicht unterdrücken. Es ging bereits auf den Morgen zu und Philo und Togo hatten nicht mehr viel Zeit.

"Lasst uns alle Hunde befreien und in die Stadt bringen", schlug Tizoc vor. "Wahrscheinlich hat der Mann auch die anderen Tiere gestohlen. Die Besitzer leben sicher in Tenochtitlan."

"Befreien wir die Hunde", stimmte Philo zu. "Sonst könnte ein Komplize kommen und sie wegschaffen, bevor wir Hilfe geholt hätten." Er zögerte: "Und was machen wir mit dem kranken Mann?"

"Ich erzähle die ganze Geschichte meinem Vater", beruhigte ihn Tizoc. "Er wird Leute hierher schicken, auch einen Medizinmann. Vielleicht überlebt der Dieb die Höhle des bösen Zaubers. Wenn ja, wird man ihn bestrafen."

Rasch kehrten die Freunde in die Grotte zurück. In wenigen Minuten hatten sie mehr als zwanzig Kisten geöffnet. Die Hunde schnellten ihnen entgegen, froh, ihrem Gefängnis entronnen zu sein. Lustig sprangen sie durch die Höhle. Tizoc rief die Tiere zusammen und sofort schlossen sie sich ihm an.

Begleitet von der Hundemeute verließen Philo, Tizoc und Togo die Höhle. Sie gingen vorbei an dem Mann, der noch immer von Fieberkrämpfen geschüttelt wurde. Alle drei hofften, den finsteren Kerl niemals wiederzusehen.

Abschied

Mit großen Schritten durchquerten die Freunde den Wald, erleichtert, die Höhle hinter sich zu lassen. Der Himmel verfärbte sich langsam und ließ die Umrisse der Bäume deutlicher hervortreten. Als sie den See erreichten, war der Horizont in blutrotes Licht getaucht.

Die Natur erwachte aus einer Nacht, die den Freunden endlos erschienen war. Hatte eben noch der erste Vogel verschlafen sein Stimmchen erprobt, so fielen nun seine Artgenossen in ein Zwitscherkonzert ein, das munter über Wald und Wasser schallte. Auch der Wind wurde von dem regen Treiben angesteckt und strich fröhlich über die Wellen, die sich schmunzelnd kräuselten. Er zauste die Jungen an den Haaren und pustete die ganze Anspannung und Aufregung aus ihren Herzen. Ihre Brust weitete sich, als wäre eine Fessel zersprungen, die den Oberkörper zusammengepresst hatte.

Mit einem Male spürte Philo, wie seine Arme kraftlos herabhingen und sich seine Beine mühsam bewegten. Doch nicht nur Arme und Beine, auch die Augenlider schienen plötzlich von bleierner

Schwere zu sein. Er folgte Tizoc einige Meter am Seeufer entlang, dann blieb er stehen.

"Ich kann nicht weitergehen", murmelte er. Selbst seine Zunge versagte langsam ihren Dienst. "Ich bin einfach zu müde." Togo wollte ihm zustimmen, brachte aber nur ein undeutliches "Quak" hervor.

"Ich denke, wir müssen uns hier trennen."

Tizoc sah die Freunde traurig an. "Es geht wohl

nicht anders." Er fuhr mit dem Fuß eine Furche in die Erde - wie immer, wenn er betrübt war.

Philo hatte das Gefühl, als schnüre ihm etwas die Kehle zusammen. Für einen Moment vergaß er alle Müdigkeit, Empörung stieg in ihm hoch. Warum musste er Tizoc verlassen? Es war nicht einfach, einen guten Freund zu finden. Und nun hatte er einen wunderbaren Jungen wie Tizoc getroffen und durfte ihn nicht wiedersehen! Weshalb gab es keine Möglichkeit, mit den Menschen der Vergangenheit Kontakt zu halten? Es konnte doch nicht sein, dass er von Tizoc nie wieder etwas hören würde! Auch Philo begann, mit der Fußspitze im Sand zu bohren.

Beide Jungen blickten schweigend zu Boden. Ihre Mundwinkel hingen tief herab. Die Hunde liefen zwischen ihren Beinen hin und her, schnupperten am Gras und wedelten mit den Schwänzen. Doch Philo und Tizoc bemerkten sie nicht. Sie sahen auch nicht, wie die ersten Boote von der Stadt auf den See hinausfuhren.

"Ihr guckt ja wie zwei Trauerweiden", stellte Togo fest. Er wollte sie aufheitern. "Freut euch! Wir haben gerade Chichi befreit! Und nicht nur Chichi, sondern auch die vielen anderen Hunde!"

"Das ist wahr", meinte Tizoc. Sein Gesicht hellte sich auf. "Und ohne euch hätte ich das niemals geschafft. Ihr seid wirklich tolle Freunde!"

"Das klingt ja schon viel besser", nickte Togo erfreut. "Und was meinst du, Philo?"

"Was gibt es Besseres, als einen Freund wie Tizoc gefunden zu haben?", lächelte er, von neuer Zuversicht erfüllt. "Weißt du was, Tizoc? Falls ich nicht wiederkommen kann, werde ich Togo vorbeischicken. Der muss dann jedem berichten, was der andere so treibt."

"Ich werde also Postbote", grinste Togo. "Na, mal sehen, ob ich von der Blitzpost oder von der Schneckenpost bin."

"Oder von der 'Stillen Post'", warf Philo verschmitzt ein. "Hoffentlich ist sie nicht zu still, sonst sind wir am Ende so schlau wie vorher." Philo lachte, während Togo fröhlich seinen Froschhals blähte.

Tizoc hatte ihnen nicht zugehört. Er hatte eine Idee. "Ich werde euch auf jeden Fall eine Botschaft zukommen lassen", meinte er versonnen. Grübelnd kniff er die Augen zusammen, so dass das Braun seiner Regenbogenhaut fast völlig verschwand. "In eurer Zeit gibt es doch die Gebäude und Tempel unserer Stadt noch immer, nicht wahr?", fragte Tizoc, wobei seine Frage eher einer Feststellung glich. Er war gewiss, dass seine mächtige Heimatstadt in alle Ewigkeit fortbestehen würde.

Philo sah den Freund betreten an. "Ich weiß gar nicht, ob in Mexiko-Stadt überhaupt noch etwas von Tenochtitlan existiert. Aber ich denke, ein paar Tempelruinen sind bestimmt noch da. Alles andere ist allerdings verschwunden." In seiner Stimme schwang nicht nur aufrichtiges Bedauern, sondern auch Ärger mit. Tenochtitlan war einfach eine prachtvolle Stadt, erst recht, wenn man sie mit dem lauten, lärmenden Mexiko-Stadt verglich.

Tizoc war verblüfft. "Alles andere ist verschwunden?", wiederholte er ungläubig. "Von unserer wunderbaren Hauptstadt bleiben lediglich ein paar Ruinen übrig?" Seine Heimatstadt würde im Nichts versinken! Das konnte nicht sein! "Und dort, wo der Rest der Stadt steht, ragen nur noch kahle Inseln aus dem See empor?"

"Nein, nein, alles ist voller Häuser", erklärte Philo. "Der See wird zugeschüttet. Danach errichtet man neue Gebäude - überall dort, wo vorher das Wasser war." Er blickte über den See, der friedlich in der Morgendämmerung ruhte. "Hier wird es ein Meer von Häusern geben - so weit das Auge reicht."

"Der See wird zugeschüttet?" Tizoc schrie Philo fast an. "Unser Tetzcoco-See wird mit Sand zugeschüttet?" Das musste ein schlechter Scherz sein! Wer sollte dieses schillernde Gewässer, das millio-

nenfaches Leben barg, einfach zuschütten? Was hatte das für einen Sinn? Er brauchte einen Moment, um sich zu beruhigen. Dann murmelte er: "Es gibt nur eine Erklärung: Die Azteken werden ihre Götter erzürnen, so dass sie das Volk fürchterlich strafen."

Philo hätte gern erwidert: Alles entsteht und vergeht, wie auch die Menschen geboren werden und sterben müssen. Doch die Hunde wurden immer unruhiger und begannen zu raufen. Auch Togo zupfte an seinem Ohr, um ihn zur Eile zu mahnen.

"Mach dir keine Sorgen", suchte er den Freund zu trösten. "Es werden viele Jahre ins Land gehen, bevor sich die Stadt verändert. Du wirst das nicht mehr erleben."

Er legte seine Hand auf Tizocs Schulter und sah ihm prüfend in die Augen. Hätte er von der Zukunft der Stadt besser geschwiegen? Würde Tizoc künftig in Angst und Schrecken leben?

Doch Tizoc lächelte dem Freund schon wieder zu. "Das ist alles unvorstellbar, was du erzählt. Wirklich schade, dass wir keine Zeit mehr zum Reden haben."

Philo nickte. "Wenn wir uns das nächste Mal treffen, unterhalten wir uns weiter", erklärte er zuversichtlich. Warum sollte die Reise mit Togo nicht ein zweites Mal gelingen? "Dann begeben wir uns nicht mehr auf die Spur von Gaunern, sondern auf die Spur von Geschichte."

"Na, hoffentlich können wir die Geschichte genauso gut fangen wie den Dieb", grinste Togo, der von Philos Schulter auf den Boden gesprungen war. "Sonst denken wir uns einfach nette Geschichtchen aus. Das gelingt uns bestimmt." Er sah sich auf der kleinen Wiese, auf der sie standen, suchend um. Sein Wunsch nach einem Schläfchen wurde langsam übermächtig. Welche Stelle auf dem blumenbetupften Teppich eignete sich wohl am besten für ein gemütliches Nickerchen?

Tizoc hob die Hand und Philo schlug kameradschaftlich ein. "Passt auf euch auf, ihr zwei", sagte Tizoc. Dann drehte er sich um und ging, gefolgt von der eifrigen Hundemeute.

"Lass es dir gut gehen!", riefen ihm Philo und Togo hinterher. Tizoc wandte sich noch einmal zurück und winkte ihnen zu. Dann entfernte er sich schnell. Nach wenigen Minuten sah Philo, wie Tizoc den Damm betrat und zügig auf die Stadt zulief. Die dunkle Silhouette des Jungen zeichnete sich deutlich vor dem Horizont ab, der im Licht der Morgenröte feurig leuchtete. Ab und zu klang ein leises Grummeln zu ihnen herüber, das von dem entfernten Bellen herrührte.

Nun konnte auch Philo seine Müdigkeit nicht länger unterdrücken. Mit einem Seufzer sank er neben Togo ins Gras, der bereits die Augen geschlossen hatte. Eine angenehme Schwere ließ seine Glieder entspannt auf dem harten Boden ruhen. In seinem Kopf tanzten die Bilder der vergangenen Stunden wild durcheinander, als wollten sie alle gleichzeitig seine Aufmerksamkeit erheischen. Gerade fing er eines der Bilder ein, um es genauer zu betrachten, da wurde ihm schwarz vor Augen.

Er kam vom Meer

Ein dumpfes Rumsen krachte gegen Philos Ohren. Mit einem Schlag war er hellwach. Er richtete sich auf und blickte neben sich - der Platz war leer. Da hörte er neben dem Bett ein verschlafenes Stöhnen. "Verflixt und zugenäht. Warum müssen diese Betten so schmal sein?" Langsam rappelte sich Togo vom Boden auf und wankte zur Tür. "Ich muss erst einmal schlafen", murmelte er und verschwand.

Philo sank in sein Kissen zurück und schloss die Lider. Langsam drangen die Alltagsgeräusche der Außenwelt in sein Bewusstsein. Sein Körper war von einer wohligen Mattigkeit durchtränkt, wie man sie nach einem erholsamen Schlaf verspürt. Blinzelnd öffnete er wieder die Augen, während er sich zufrieden reckte und streckte.

Da betrat der Großvater das Zimmer und setzte sich an sein Bett. "Na, mein Junge, du schläfst ja wie ein Murmeltier", lächelte er gutmütig. "Ich hoffe, du wirst nicht krank." Vorsorglich befühlte er seine Stirn. "Es ist schon fast Abend. Du hast den ganzen Nachmittag geschlafen."

Togo schien dem Großvater auf der Treppe nicht

begegnet zu sein, denn er wirkte weder nachdenklich noch verunsichert. Der Alte nahm die Hände des Jungen in seine abgearbeiteten Hände und drückte sie herzlich. "Nein, Fieber hast du nicht! Und du siehst wirklich gesund aus", meinte er befriedigt und stand auf. "Nach so einem ausgiebigen Schläfchen hast du bestimmt einen Bärenhunger."

Philo nickte. "Sogar einen Dinosaurierhunger!"

Dann sprang er aus dem Bett und folgte dem Großvater, der in die Küche ging.

"Was möchtest du essen?", fragte der Großvater, während er einen prüfenden Blick in den Kühlschrank warf.

"Am liebsten ein paar Tortillas mit schwarzen Bohnen und Chilisauce."

Der Großvater blickte erstaunt auf. "Seit wann schmecken dir denn Tortillas, schwarze Bohnen und Chilisauce? Bist du schon ein waschechter Mexikaner geworden?"

"Natürlich", meinte Philo aufgeräumt. Er dachte an Togo, der sicher genau so einen Riesenhunger hatte wie er. Wenn er das Schüsselchen mit seinem Leibgericht entdecken wird, das ihm der Großvater nach der Mahlzeit immer hinstellt, wird er bestimmt ein lustiges Freudentänzchen machen!

Das Gericht war schnell bereitet und Philo verschlang es mit großem Appetit. Nach dem Essen lehnte er sich gesättigt im Stuhl zurück und streckte die Beine weit von sich. Er fühlte sich matt und schwer, doch keineswegs müde - die rechte Zeit für ein gemütliches Schwätzchen.

"Kennst du eigentlich Quetzalcoatl?", fragte er den Großvater, der es sich gleichfalls bequem gemacht hatte.

"Sicher kenne ich Quetzalcoatl", meinte dieser, während er sich ein Glas Horchata, ein weißes, süßliches Reisgetränk, genehmigte. "Allerdings nicht persönlich", fügte er lächelnd hinzu.

"Und was ist das für ein Gott?", erkundigte sich Philo und sah den Großvater gespannt an.

"Mit dem Quetzalcoatl ist das so eine merkwürdige Geschichte", sagte der Großvater. Plötzlich schaute er starr vor sich hin, als sehe er Quetzalcoatl leibhaftig vor sich. Es entstand eine Pause, in welcher der alte Mann in seine Überlegungen vertieft war. Dann bekamen seine Augen einen lebhaften Glanz und er begann zu erzählen.

"Es gab einmal das Volk der Tolteken. Es lebte etwa 2000 vor Christus, also vor mehr als 4000 Jahren. Diese Tolteken galten als ziemlich kriegerische Gesellschaft. Dennoch waren ihnen auch die Kunst, die Philosophie und die Wissenschaften wichtig." Er hielt einen Moment inne, um zu sehen, ob Philo ihm folgen konnte. "Natürlich hatten die Tolteken einen Priester, der für Kunst, Philosophie und Wissenschaften zuständig war. Doch mit dem Priester, der Quetzalcoatl hieß, gab es ein Problem: Als Mann der geistigen Errungenschaften stand er den Kämpfen und Eroberungen der Tolteken ziemlich ablehnend gegenüber. Er verurteilte den Krieg, der um des Krieges Willen begangen wird. Grundlose Unmenschlichkeit und Brutalität, wie sie im Kampf oft beobachtet werden, waren ihm zuwider." Der Großvater trank einen Schluck Horchata.

"Und weißt du, was das Seltsame an dem Priester war? Er war weißhaarig und hatte ein Gesicht wie die Männer in deiner Heimat."

Philo richtete sich mit einem Ruck auf. "Er war weißhaarig?", erkundigte er sich aufgeregt. "Und trug auch einen weißen Bart?" Genau so hatte die durchscheinende Gestalt ausgesehen, die sie im Tempel gesehen hatten. Also hatte Tizoc Recht: Ihnen war Quetzalcoatl erschienen! "Sein Gesicht hat mich wirklich eher an meinen Onkel als an einen Mann aus Mexiko erinnert", murmelte er.

Der Großvater schien Philos letzte Bemerkung nicht gehört zu haben, denn er bestätigte: "Er hatte auch einen weißen Bart. So wird es jedenfalls in den Überlieferungen berichtet. Manche Leute glauben deshalb, dass lange Zeit vor den Spaniern bereits die Wikinger in Mexiko gelandet sind. Aber das ist eine andere Geschichte."

Umständlich stand er vom Tisch auf, holte sich ein Glas Wasser, und setzte sich wieder zu Philo. Der Junge verfolgte jede seiner Bewegungen mit den Augen. Gespannt wartete er auf die Fortsetzung.

Der Großvater räusperte sich: "Unser Quetzalcoatl setzte sich also für die Künste und Wissenschaften ein. Deshalb war er den anderen Priestern ein Dorn im Auge. Sie wollten vor allem Kriege führen und hatten Angst, dass er ihre Macht gefährden könnte. Als er ihnen zu unbequem wurde, machten sie schließlich kurzen Prozess: Sie vertrieben Quetzalcoatl."

Der Großvater ließ eine kunstvolle Pause entstehen, welche die Wirkung der folgenden Worte erhöhte. "Was meinst du, was er gesagt hat, bevor er verschwand?"

Philo machte eine ungeduldige Handbewegung. "Dass er an einem bestimmten Tag wiederkehren wird!", sprach der Großvater mit dunkler Stimme. "Rate doch einmal, welchen Tag er genannt hat!"

Philo überlegte einen Augenblick und zuckte dann mit den Schultern. Er hatte nicht die geringste

Idee, wann Quetzalcoatl zurückkommen wollte.

"Es war der Tag, an dem die Spanier in Mexiko gelandet sind!", erklärte der Großvater mit einem leichten Lächeln.

Schon während er sprach, freute er sich über die Verblüffung, die sich auf Philos Gesicht ausbreitete.

Philos Gedanken wirbelten durcheinander, als wäre eine Sturmböe in seinen Kopf gefegt. "Das kann doch nicht sein! Wie wusste Quetzalcoatl denn, wann die Spanier in Mexiko landen werden? Das war doch erst Jahrtausende später! Oder ist er wirklich selbst zurückgekehrt? Aber welcher Mensch kann denn Jahrtausende später wieder auftauchen?"

"Vielleicht ist alles Zufall?", meinte der Großvater verschmitzt. "Wer kann das wissen? Fest steht jedenfalls, dass Quetzalcoatls Gedanken und Ideen nach seiner Vertreibung durch die Tolteken von anderen Völkern aufgegriffen wurden, besonders von den Maya. So entstand ihr Gott Kukulcan, der für die Maya zum Inbegriff der Künste und Wissenschaften wurde. Bei den Azteken wurde Quetzalcoatl selbst verehrt, allerdings nicht als Priester, sondern als Gott. Seine Bedeutung hat sich bei den Azteken jedoch verändert. Für sie war er zum Gott des Windes, des Himmels, der Erde und zu einem Schöpfergott geworden."

Unvermutet schien der Großvater das Thema zu wechseln. "Weißt du eigentlich, wer die Spanier zuerst gesehen haben soll, als sie um 1500 in Mexiko mit ihren Schiffen landeten?"

Philo schüttelte den Kopf. "Ein Kundschafter der Azteken!", sagte der Großvater. "Und da die Azteken die Geschichte von Quetzalcoatl kannten, waren sie natürlich überzeugt, dass ihr Gott zurückgekehrt sei. Aber er war nicht zurückgekehrt." Einen Moment sah er sinnend vor sich hin. Es gibt schon merkwürdige Zufälle. Oder war es Vorsehung? "Statt eines friedliebenden Quetzalcoatls kamen die kriegerischen Spanier, die nicht nur die Stadt, sondern die ganze Kultur der Azteken zerstörten."

Großvater und Enkel schwiegen. Beide hingen ihren Gedanken nach. ‘Wie vergänglich alle Kulturen sind’, dachte der Großvater. ‘Irgendwann kommt die Zeit ihres Untergangs, egal wie hoch sie entwickelt sind.’ Philo indessen versuchte, sich Tizocs Bild ins Gedächtnis zu rufen. Wie mochte es dem Freund in späteren Jahren ergangen sein? Hatte er noch ab und zu an Philo und Togo gedacht?

Plötzlich fiel ihm Tizocs Versprechen ein: Er wollte einen Gruß in die Zukunft schicken, um zu zeigen, dass er seine Freunde nicht vergessen hatte. Ob es ihm gelungen war, ein Zeichen zu setzen, das Philo erkennen würde?

"Großvater", riss er den alten Mann aus seinen Grübeleien. "Gibt es in Mexiko-Stadt noch Überreste von Tenochtitlan?"

"Wer weiß, wer weiß", schmunzelte der Großvater. Ihm gefiel der Eifer seines Enkels. Mit einem vielsagenden Blick verriet er: "Ich glaube, wir müssen das Stadtzentrum erkunden. Es könnte sein, dass wir dort auf Spuren stoßen."

"Dann komm, lass uns gehen!", forderte Philo ungestüm. Doch der Großvater bremste seinen Eifer. "Jetzt ist es schon zu spät", meinte er. "Und morgen Nachmittag wollten wir Tante Xochitl besuchen. Eigentlich reicht mir ein Ausflug am Tag", setzte er unschlüssig hinzu.

"Ach bitte, lass uns morgen dorthin gehen. Ich bin so neugierig, wie alles aussieht", drängte Philo, der sein Zögern sofort bemerkt hatte.

"Na gut", brummte der Großvater. "Eigentlich hätte es ja noch ein paar Tage Zeit gehabt. Aber wenn du sooo neugierig bist! Also morgen!"

Das Zeichen

Am nächsten Morgen, gleich nach dem Frühstück, machten sich der Großvater und Philo auf den Weg ins Stadtzentrum. Obwohl es erst Vormittag war, sandte die Sonne bereits ihre stechenden Strahlen zu den Menschen herab, die wie Tausende von Ameisen durch die Straßen wuselten. An den breiten, vierspurigen Fahrbahnen drang beißender Benzingestank in Philos Nase, so dass es ihm schwer fiel, tief durchzuatmen. Wenn die Abgase gar zu dicht wurden, hielt er sich die Nase zu, immer in der Hoffnung, die stinkende Wolke bald hinter sich zu lassen.

Endlich hatten sie die U-Bahn erreicht und gingen auf den Bahnsteig, der von Passanten dicht bevölkert war. Schon näherte sich der U-Bahnzug, der wie eine Schlange mit großen Augen auf die Wartenden zuschoss. Schnell drängten sich die Passagiere durch die Türen in die Waggons, in denen sich die Hitze der vergangenen Wochen zu ballen schien. Mit abwesenden Gesichtern standen, saßen oder hingen die Menschen im Abteil und dürsteten nach jedem Luftzug. Nach etwa zwanzig Minuten bedeutete der Großvater dem

Jungen mit einer leichten Kopfbewegung, dass sie aussteigen mussten.

Die Kleider waren feucht geworden und klebten unangenehm am Körper. Philo war froh, dem brütenden Wagen zu entrinnen. Schnell ließen sie den stickigen Bahnschacht hinter sich und standen im Freien. Erlöst sog Philo die Luft ein, die Kühlung brachte - auch wenn sie in der Zwischenzeit weder frischer noch sauberer geworden war. Schon nach wenigen Schritten sah Philo einen riesigen Platz, der sich vor ihm ausbreitete. An einer Seite des riesigen Platzes erhob sich eine ebenso riesige Kathedrale.

"Das ist der Zocalo", erklärte der Großvater. "Unser zentraler Platz, auf dem alle möglichen Veranstaltungen und Demonstrationen stattfinden. Und wenn gerade nichts los ist, findest du hier Handwerker, die du für die verschiedensten Arbeiten anheuern kannst."

"Und die Kirche?", fragte Philo.

"Die Kathedrale wurde von den Spaniern direkt auf dem Tempelbezirk von Tenochtitlan erbaut, genau auf den Pyramiden", erzählte der Großvater, wobei er missbilligend die Stirn runzelte. "Wie das leider häufig geschieht: Erst erobert ein Volk ein anderes Volk und macht dann alles dem Erdboden gleich. So haben es auch die Spanier gehalten. Erst haben sie die Azteken unterworfen und dann deren gesamte Kultur zerstört."

Philo blickte den Großvater mit kugelrunden Augen an, die plötzlich einen feuchten Schimmer hatten.

Er spürte, wie sein Herz heftig gegen die Brust schlug. Sollte von Tenochtitlan wirklich nichts erhalten geblieben sein? Lief er bereits auf der Erde, die alle Bauten unter sich begraben hatte? Konnte er nie mehr erfahren, ob Tizoc ihn in Erinnerung behalten hatte? Philo spürte, wie sich etwas in ihm zusammenzog.

Der Großvater hatte von der Erregung seines Enkels nichts bemerkt. Er war damit beschäftigt, sich einen Weg durch die vielen Menschen zu bahnen, die auf Tüchern oder an Ständen ihre Waren feilboten. An einer kleinen Treppe blieb er plötzlich stehen. Vor ihnen lag ein großer Platz, der wie eine Baustelle aussah. Was dort gebaut wurde, konnte Philo nicht erkennen. Er sah lediglich eine Vielzahl von Gesteinsbrocken und unfertigen Wänden, die grau-braun in die Höhe ragten.

"Hier sind die Eintrittskarten", sagte der Großvater, der von einem unscheinbaren Häuschen zurückgekehrt war. Er zog Philo an einem Kontrolleur vorbei und sie betraten auf einem gut befestigten Weg die Anlage. Erstaunt blickte Philo auf Ruinen und Überreste, die sich vor ihm ausbreiteten. Sie waren ihm völlig fremd. Oder doch nicht? Irgendwie hatte er das Gefühl, schon einmal an diesem Ort gewesen zu sein.

"Das ist alles, was vom Templo Mayor übriggeblieben ist", erzählte der Großvater. "Oder besser gesagt: Was man von ihm wiedergefunden hat. Denn auch der Templo Mayor war zerstört und abgetragen worden, bevor man ihn unter der Erde begrub. Erst 1978 ist man auf seine Überreste gestoßen. Und weißt du, wobei? Man wollte an dieser Stelle das U-Bahnnetz vergrößern."

Langsam lief der Großvater weiter und ließ seinen Blick über die Anlage schweifen. Philo folgte ihm, während er noch immer ungläubig auf das starrte, was von dem prächtigen, kunstvoll verzierten Tempel überlebt hatte.

"Die Arbeiter des Elektrizitätswerkes hatten unterirdische Kabel verlegt", berichtete der Großvater. "Eines Tages im Morgengrauen traf ihre Spitzhacke bei Erdarbeiten plötzlich auf etwas Hartes. Es schien ein riesiger Stein zu sein. Sie gruben weiter - und hatten plötzlich eine kunstvoll gemeißelte menschliche Hand freigelegt. Stell dir vor, du glaubst nur harte Erde und grobes Gestein vor dir zu haben und siehst plötzlich eine Hand, die sich dir aus dem Nichts entgegenstreckt!"

Philo grinste. "Eine Geisterhand, die dich unter die Erde ziehen will."

"Oh ja, wegen all deiner bösen Taten!", feixte der Großvater.

"Es könnte natürlich auch der Gott der Finsternis sein, der einfach guten Morgen sagen möchte", lachte Philo. Er stellte sich vor, wie der Gott der Finsternis unter der Erde hockte, während über ihm gegraben und geklopft wurde. Kein Wunder, wenn er bei diesen Geräuschen in kindliche Freude ausbrach - wann bekam er in seiner Einsamkeit schließlich Besuch. Und da er ein höflicher Gott ist, wollte er seine Gäste begrüßen. Also streckte er ihnen seine Hand entgegen.

Schmunzelnd liefen Großvater und Enkel zwischen den Steinen und Mauerresten auf und ab. Von der Straße drang der Lärm der Autos und Straßenverkäufer herüber, die laut ihre Ware anpriesen. Musik schallte über den Platz, die aus vielen kleinen Lautsprechern kam.

In Philo stieg ein unbekanntes Gefühl auf, das den alten Mauern zu entströmen schien. Seine Gedanken vollführten wilde Sprünge und kreisten und tanzten in seinem Kopf lustig wie ein Schmetterling. Die Vergangenheit verschmolz mit der Gegenwart zu einem untrennbaren Ganzen, wie zwei Wassertropfen, die ineinander fließen.

Was war aus all den Menschen geworden, die er bei seinem kurzen Besuch in Tenochtitlan gesehen hatte? War der finstere Mann vor der Höhle gestorben, oder hatten ihn die Leute aus der Stadt rechtzeitig gefunden? Was hatten die Bewohner von Tenochtitlan empfunden, die miterleben mussten, wie ihre prächtige Stadt mit all ihren Reichtümern geplündert und zerstört wurde?

In Gedanken versunken blickte Philo auf eine Schlange aus Stein und Stuck, auf der noch ein Großteil der ursprünglichen Bemalung zu erkennen war.

Der Kopf mit dem leicht geöffneten Maul ließ die spitzen Zähne des Tieres hervortreten, so dass die Schlange unheilvoll mit den Zähnen zu fletschen schien. Philo schlenderte weiter, während sich der Großvater in die Darstellung des schlängelnden Reptils vertiefte.

Philo näherte sich einem Altar, der in einer Ecke der Ausgrabungsstätte lag. Eine Mauer verdeckte den Blick auf die kleine, quadratische Plattform, die im Schatten der Wand träumte. Als Philo den versteckten Altar erblickte, blieb er erstaunt stehen: An einer Ecke saß ein Frosch, der seinen Kopf in die Höhe reckte. Ein Frosch, der Philo mehr als vertraut vorkam. Er ging bis auf wenige Schritte an den Altar heran. Es gab keinen Zweifel, bei dem

Frosch musste es sich um Togo handeln! Oder nicht? Schließlich sahen alle Frösche gleich aus. Konnte dies nicht ein beliebiger Frosch sein? So viel er wusste, waren die Frösche bei den Azteken als Symbol der Wasserwelt eng verbunden mit den Wassergottheiten. Also war es auch nicht ungewöhnlich, sie an Portalen oder Altären zu finden.

Unschlüssig betrachtete Philo das Tier von allen Seiten. An einigen Stellen entdeckte er ein paar blaue Flecke, die vermuten ließen, dass der Frosch einmal blau bemalt gewesen war. Doch blau war Togo niemals gewesen - oder sollte er in einen Farbtopf gefallen sein?

Philo neigte sich etwas zurück und betrachtete die Skulptur mit schräggehaltenem Kopf. Ihm war, als hätte der Frosch unmerklich sein Froschmaul gesenkt und blinzelte ihm zu. Sicher Einbildung! Schließlich blendete an dieser Stelle die Sonne besonders stark. Er umkreiste den Steinfrosch. Gab es irgendeinen Hinweis auf Tizoc? Aber so sehr er auch forschte und suchte, er entdeckte nichts, was er als Zeichen Tizocs hätte deuten können.

Wahrscheinlich war der Frosch nur einer von vielen Fröschen, wie sie von den Azteken abgebildet wurden. Wo der Gott des Wassers verehrt wurde, waren die Frösche eben nicht weit.

Schon wollte Philo den Großvater suchen, da

stutzte er. An der seitlichen Wand, genau unter dem Frosch, entdeckte er eine kleine, in Stein gehauene Zeichnung. Er war doch um den ganzen Altar herumgelaufen und hatte sie nicht bemerkt! Er hätte schwören können, dass sie noch vor einer Minute nicht da gewesen war. Philo blickte sich um, aber niemand war auf dem Platz zu entdecken. Schwer lag die Sonne auf den Mauern und Stufen und verbreitete eine lähmende Mittagshitze. Nicht einmal ein Vogel hatte Lust, ein Liedchen zu trällern.

Philo stand ganz allein zwischen all den Überresten der Vergangenheit, die sich um ihn auftürmten. Er kniff die Augen zusammen und hielt sein Gesicht dicht vor das Gestein. Am liebsten hätte er eine Lupe gehabt, um alle Einzelheiten zu betrachten.

Doch auch ohne Vergrößerungsglas war ziemlich schnell klar, was die Steinzeichnung zeigte: Vier Figuren, die hintereinander in eine Richtung liefen. Am Anfang bewegte sich ein Frosch, der zu hüpfen schien. Danach kamen zwei männliche Gestalten, die in Größe und Kleidung ziemlich ähnlich wirkten. Ob es sich dabei um Kinder oder Erwachsene handelte, vermochte Philo nicht mit Bestimmtheit zu sagen. Am Ende trabte ein Hund. Er wirkte so lebendig, dass Philo zu sehen glaubte, wie er mit dem Schwanz wedelte.

Der Junge betrachtete das Bild, das in einer Ecke einen rötlichen Rest von Farbe erkennen ließ, lange und genau. Und je länger er es ansah, desto mehr festigte sich in ihm die Gewissheit: Dieses Relief hatte Tizoc gefertigt.

Er hatte sein Versprechen gehalten.

Dies war das Zeichen, das ihm zeigte, dass Tizoc ihn nie vergessen hatte! Ein warmes Gefühl durchströmte Philo, das wohlig durch alle Glieder rann. Alle Unruhe war von ihm abgefallen, die Trauer über den Verlust des Freundes war wie weggeblasen.

Jetzt wusste er genau: Er hatte Tizoc nicht verloren, auch wenn er ihn nie wiedersehen würde.

Verträumt blickte er auf die Pyramidenreste, über denen die Hitze flimmerte.

Plötzlich schien es ihm, als löste sich eine nebulöse Gestalt von den heißen Steinen.

Langsam schwebte sie in die Höhe, wobei sie wie eine Rauchschwade beständig ihre Form änderte. Doch immer blieb sie in der flirrenden Luft als menschliche Figur erkennbar. Philo fühlte eine nie gekannte Ruhe, die seinen Körper warm und angenehm schwer machte. Ohne Angst oder Scheu folgte er dem Wesen mit den Augen. Höher und höher stieg es in den blauen Himmel, an dem einzelne Schäfchenwolken wie fröhliche Tupfen leuchteten. Als es bereits hoch über der Ausgrabungsstätte schwebte, hob es langsam den Arm: Es winkte dem Jungen unten auf dem Platz zu. Über Philos Gesicht glitt ein Lächeln - und er winkte zurück.

Kleine Aussprachehilfe

In diesem Buch erfahrt ihr eine Menge über Mexiko. Deshalb tauchen ein paar Worte auf, die ganz lang sind und für uns komisch aussehen. Das liegt daran, dass es Namen sind, die die Azteken den Bergen, Seen und Landschaften gegeben haben. Die Namen sind also Aztekisch. Das sprechen nur noch sehr wenige Menschen, und ein paar Worte könnt ihr, wenn ihr das Buch gelesen habt!
Die Sprache der Azteken ist Nahuatl. Lernt ihr Englisch? Wisst ihr, wie man das Wort "world" ausspricht? So wie dieses "w" spricht man das "h" in Nahuatl aus. Die Azteken haben die Worte meistens auf der vorletzten Silbe betont. Bei Huitzilopochtli zum Beispiel liegt die Betonung auf dem letzten, dem zweiten o. Also Huitzilopóchtli. Und dann am Anfang das "H" wie das englische W und das ch wie tsch - also: Hwi-zi-lo-pótsch-tli.
Vielleicht seid ihr auch über andere lange Worte gestolpert. Eines wie Quetzalcoatl. Das spricht man Ke-zal-ko-atl. Oder eines wie Tenochtitlán. Das geht so: Te-notsch-ti-tlán
Das ist euer erstes Aztekisch!

Anschließend findet ihr weitere Hinweise zur Aussprache und ein paar Begriffe, die erklärt werden. Übrigens könnt ihr auch versuchen, deutsche Worte Aztekisch auszusprechen. Da wird es leicht passieren, dass Onkel Otto nicht fix in ein Taxi, sondern fisch in ein Taschi steigt...

Und noch etwas mehr zur Aussprache:

Vokale (a, e, i, o, u) spricht man wie im Deutschen aus, und jeder Vokal wird einzeln gesprochen.

h spricht man hw (wie im englischen world)
c spricht man wie ss (scharfes s) vor e und i, wie k vor o, a oder u
ch spricht man wie tsch
qua und quo spricht man hw (wie im englischen world)
que und qui spricht man k
tl spricht man tl
tz spricht man als Zischlaut wie z in Zorn
x spricht man sch
z spricht man wie ss (scharfes s)
j spricht man wie h

Hier sind einige Wörter erklärt, die ihr vielleicht nicht kennt:

Azteken:
Eine im 13. Jahrhundert in das Hochtal von Mexiko eingewanderte Bevölkerungsgruppe, die aus Aztlan kam und sich selbst Mexica nannte. Um 1325 gründete sie im Tetzcoco-See (auch Texcoco-See) ihre Hauptstadt Tenochtitlan, von wo aus sie sich aufmachte, die Welt zu erobern. Die spanischen Eroberer besiegten im Jahre 1521 die Stadt Tenochtitlan und zerstörten sie völlig.

Esquisuchil:
Baum mit weißen, duftenden Blüten, der nur in Mittelamerika vorkommt und zu den bedrohten Arten gehört. Aztekische Prinzessinnen haben ihr Badewasser mit Blüten des Esquisuchil parfümiert. Den Blättern und Blüten des Baumes wird auch eine heilende Wirkung zugeschrieben.

Horchata:
Erfrischungsgetränk aus Reis, Wasser (oder Milch), Vanille und Zucker, das sich in Mexiko von der Halbinsel Yucatan aus verbreitet hat und inzwischen in ganz Mexiko sehr beliebt ist.

Huitzilopochtli:
(Nahuatl; wörtlich übersetzt: der 'Linksgewandte wie ein Kolibri' oder 'Kolibri des Südens')
Aztekischer Stammesgott (Schutzgott), der zugleich auch Kriegs- und Sonnengott und Schutzpatron der Stadt Tenochtitlan war. In der Kunst wurde Huitzilopochtli als Kolibri dargestellt. Ihm (und damit der Sonne) musste nach herkömmlicher Auffassung menschliches Herzblut geopfert werden, um die lebensnotwendige Ernährung der Sonne zu gewährleisten.

Iztaccihuatl:
Vulkan im zentralen Hochland von Mexiko, der eine Höhe von 5286 Metern über dem Meeresspiegel hat. Sein letzter Ausbruch war im Jahre 1868.

Jade:
Harter Edelstein, der in Mittel- und Südamerika als wertvolles Material geschätzt wurde. Das dunkel- bis blassgrüne Mineral galt als Symbol für Wasser und war außerdem ein wichtiges Handelsobjekt. Von den Ureinwohnern wurde Jade als Heilstein und Amulett gegen Nierenleiden verarbeitet.

Kukulcan:
Bezeichnung des Gottes Quetzalcoatl bei den Maya. Er wurde als gefiederte Schlange dargestellt.

Maya:
Die Maya waren in vorkolumbianischer Zeit die Träger einer bedeutenden Hochkultur, die sich ab 2000 vor Christus im Süden Mexikos, im Norden von Guatemala und in angrenzenden Gebieten von Honduras entwickelt hatte. Nach der spanischen Eroberung erlosch sie etwa um 1550.

Mexiko-Stadt:
Mexiko-Stadt (Ciudad de Mexico) ist die Hauptstadt Mexikos. Sie wurde auf den Trümmern des aztekischen Tenochtitlan erbaut und liegt 2240 m über dem Meeresspiegel in einem Becken des zentralen Hochlandes. Mit 19,2 Millionen Einwohnern (so viele Einwohner wurden 2005 gezählt!) gehört sie zu den zehn größten Metropolen der Welt. Mexiko-Stadt ist nicht nur durch Erdbeben gefährdet, sondern leidet auch unter extremem Schadstoffausstoß, der zu 70 Prozent durch den Verkehr und zu 30 Prozent durch die Industrie verursacht wird. Das heißt, es ist sehr schlechte Luft in Mexiko-Stadt!

Mictlan:
Mictlan galt als die Unterwelt der Azteken. Den Ort erreichte die Seele des Verstorbenen erst nach einer gefährlichen Reise, auf der sie krachenden Bergen und messerscharfen Winden zu trotzen hatte. In Mictlan herrschten der Gott des Totenreiches, Mictlantecuhtli und seine Frau: Sie bewahrten die Knochen der Toten auf. Die Azteken gaben ihren Toten als Grabbeigaben Hundefiguren aus Knochen oder aus Ton mit. Diese sollten die Seelen der Toten sicher in die Unterwelt geleiten.

Peso:
(Mehrzahl: Pesos)
So heißt die Währung in Mexiko.

Popocatepetl:
Der Vulkan am Rand des Hochlandes von Mexiko hat eine Höhe von 5452 Metern über dem Meeresspiegel. Seine letzten Ausbrüche waren 1919 und 1921, doch ist er seit 1993 wieder aktiv.

Quetzalcoatl:
(Nahuatl; wörtlich übersetzt: 'gefiederte Schlange')
Hauptgottheit im präkolumbischen Zentral-Mexiko. Quetzalcoatl hat vermutlich wirklich gelebt (als eine berühmte Persönlichkeit bei den Tolteken). Vor allem aber war er ein Gott, der als Bewahrer der Künste und Wissenschaften galt. In der aztekischen

Mythologie ist Queztalcoatl ein Schöpfergott und außerdem der Gott des Windes, des Himmels und der Erde. Nach ihm wurde übrigens auch der oberkreidezeitliche Flugsaurier Quetzalcoatlus benannt, der das größte bekannte flugfähige Tier der Erdgeschichte ist.

Smog:
(Englisch: Zusammengesetzt aus smoke 'Rauch' und fog 'Nebel')
Bezeichnung für Luftverschmutzung, wie sie besonders in großen Städten vorkommt.

Templo Mayor:
Der Tempelbezirk im Mittelpunkt von Tenochtitlan war "die Wohnung der Götter". Hier entstand der Templo Mayor (der Tempel des Huitzilopochtli und des Tlaloc), der das Allerheiligste sein sollte: Das Zentrum aller Zentren, der Ort, von dem aus man hinauf in den Himmel oder hinab in die Unterwelt steigen konnte. Er galt als Mittelpunkt der aztekischen Welt, an dem sich alle Kräfte ihres Kosmos trafen.

Tenochtitlan:
(Nahuatl; wörtlich übersetzt: 'Stadt des Tenoch' bzw. 'Stadt des Steinkaktus')
Name der Hauptstadt der Azteken, die sich auf einer Insel im Westteil des Tetzcoco-Sees erhob. Ihr Zentrum, der heilige Bezirk, befand sich dort, wo heute der Zocalo und die Kathedrale von Mexiko-Stadt liegen.

Tlaloc:
(Nahuatl; wörtlich übersetzt: '...er, der sprießen lässt')
Beherrschende Regengottheit des zentralmexikanischen Hochlandes seit der Kultur von Teotihuacan ((einer berühmten Stadt der frühen und mittleren klassischen Periode zwischen 200 und 650 nach Christus)

Zeremonialzentrum:
Komplex von Bauwerken, der sich von Wohnsiedlungen des alten Mexiko dadurch unterschied, dass er ganz oder wenigstens hauptsächlich aus Pyramiden mit Tempeln oder palastartigen Bauten und vermutlich auch aus Verwaltungsgebäuden bestand.

Zocalo:
(Spanisch; wörtlich übersetzt: 'Sockel')
Im übertragenen Sinn Hauptplatz einer dörflichen oder städtischen Ansiedlung (z.B. der Zocalo von Mexiko-Stadt als Zentralplatz der Hauptstadt).

Weitere Kinderbücher im Autumnus Verlag:

Mareile Ahrndt
Sati Springinsfeld. Das Abenteuer einer dicken Freundschaft
Mit Bildern von Haakon Auster
ISBN 978-3-938531-02-0
Das ist ein Tag! Er fing ganz ruhig an. Aber plötzlich merkt Sati, dass sie weit, ganz weit springen kann. Und dann hört sie diesen Jungen um Hilfe rufen. Mons heißt er, und er wird im Laufe der Geschichte Satis Freund. Muss er auch! Denn was die beiden mit Lomen, dem bösen Herrn des Wasserschlosses, erleben, wäre viel zu viel Abenteuer für einen allein.
Ab 8

Tordis Schuster
So geht's Marie! Schulkind-Geschichten
Mit Bildern von Eva Schmidt-Klingenberg
ISBN 978-3-938531-09-9
Was Marie alles erlebt! Zum Beispiel an ihrem ersten Schultag. Der hält soviel Aufregung, soviel Klöße im Hals bereit. Neben einem ganz fremden Kind sitzen, einem Jungen noch dazu! Doch Marie, die schafft das! Sie schafft es ja auch, auf das Drei-Meter-Brett im Freibad zu steigen (natürlich mit zittrigen Knien). Und manchmal ist sie sogar mutiger als ihre große Schwester - wenn sie nicht gerade allein zuhause ist und Angst vor den Gespenstern im dunklen Flur hat. Marie geht es eben meistens gut und auch mal schlecht.
Ab 6

Konki
Katzenwache
Mit Bildern von Lone Hertel
ISBN 978-3-938531-11-2
Die Detektivin Creszentia Waldmeister ist von ganz eigener Sorte. Wenn sie ihren Hut festhält, weiß man: Selbst der abenteuerlichste Fall dürfte von ihr gelöst werden. Na ja, nicht von ihr ganz allein - Amanda, eine äußerst begabte Nachwuchsdetektivin, hilft dabei. Ein Verbrecherpaar, Wildpferde, das Versteck im einsamen Steinhaus, zuschnappende Handschellen. Diesmal muss Philipp aus höchster Gefahr gerettet werden!
Ab 8

Berta Berger

Die Prinzessin, die von der Liebe nichts wissen wollte

Mit Bildern von Barbara Klingenberg

ISBN 978-3-938531-01-3

Was passiert, wenn die zu vermählenden Prinzen die Töchter der Hexe verschmähen? Können sie von dem bösen Zauber erlöst werden? Ist der Müllersohn wirklich nur faul? Oder warum schläft er am helllichten Tag bei geringster Anstrengung ein? Kann auch eine Prinzessin die Nachfolge ihres Vaters, des Königs, antreten?

Diese Sammlung entzückender Märchen ist gut für die Seele zu jeder Gelegenheit: Vor dem Einschlafen, bei schlechtem Wetter oder einfach an einem Sonntag in der Familie. Ein Buch zum Vorlesen und Selberlesen.

Für jedes Alter

Jule D. Körber

Herr M. und die Sache mit sich selbst. Eine Odyssee

Mit Bildern von Lino Wirag

ISBN 978-3-938531-23-5

Herr M. hat alles unter Kontrolle. Er macht immer zur selben Zeit dasselbe, jeden Tag, jede Woche. Zum Beispiel isst er jeden Dienstag Prinzessböhnchen. Und er geht immer auf Nummer sicher: Sogar zwei Kaffeemaschinen hat er, sollte mal eine kaputt gehen. Er überlässt nichts dem Zufall. Aber was ist, wenn er nicht mehr weiß, warum Topf und Pfanne neben dem Herd stehen? Was ist, wenn sein Wissen darüber verloren gegangen ist, was er wann und warum tun soll? Herr M. hat vergessen, wer er ist!

Also begibt er sich auf die Suche. Wer könnte er sein?

Ab 7

Steffen Wunder

Also bin ich ein Pinguin

ISBN 978-3-938531-08-2

Was ist der Weisheit letzter Schluss? Man sagt - die Wahrheit. Und diese würde der Pinguin Kogu gern finden. Und macht sich gemeinsam mit seinen Freunden auf die Suche. Erlebt mit ihnen Abenteuer und begegnet Geistern, Göttern und Bewohnern der Antarktis, besteht Prüfungen und erfährt mehr über die Welt der Ideen und die Welt der Vergänglichkeit. Der Weg ist nicht umsonst, wenn auch die Antworten auf die Frage nach der Wahrheit nicht eindeutig sein können. Aber soviel ist sicher: Sie sind äußerst spannend. Und in diesem Fall auch witzig!

Ab 12

Berta Berger

Kunigund kugelrund

Mit Bildern von Barbara Klingenberg

ISBN 978-3-938531-59-4

Dauernd wird sie geärgert! Und eine Freundin hat sie auch nicht. Denn Kunigunde ist zu dick. Eines Tages zieht Franke ins Nachbarhaus. Ausgerechnet! Franke die Bohnenstange! Von den Schulkameraden werden nun beide gehänselt. Zuerst fällt ihnen nichts ein, was sie dagegen tun können. Doch sie werden Freundinnen, und dann, ja, dann haben sie eine Idee!

Ab 5

Marc Jacques Mächler:

Wenn die Vögel violett singen

Mit Bildern von Geri Werhahn

ISBN 978-3-938531-07-5

Welche Farbe hat die 8? Und welche hat Vogelgezwitscher? Gehörst du zu den Synästhetikern (puh – viel zu lang, sagen wir besser Synnies), die ihren Zahlen und Wochentagen eine Farbe zuordnen können? Vielleicht ist die 3 in deiner Phantasie immer gelb oder grün, vielleicht verbindest du auch das Kalenderjahr mit einer bestimmten Form und Farbe. Vielleicht… lass dir diese bunte Geschichte vorlesen, dann weißt du alles über Synnies. Von denen gibt es nämlich mehr, als man glaubt! Probiere es einfach anhand deiner Vorstellungskraft aus und tauche mit Hilfe dieses Buches in deine eigene faszinierende Welt der Farben ein.

Mit zwei erläuternden Nachworten. Eines für Kinder, eines für Erwachsene

Lorene Ross

Der Findelkürbis und andere Geschichten

Mit Bildern von Anne Rasch

ISBN 978-3-938531-15-0

Seine Eltern sind gepflückt worden, nun ist er ganz allein. Ein Findelkürbis! Was wird aus ihm? Und aus dem kleinen Kaktus– wann wird er ganz groß sein? Was nehmen sich Krokusherr und Tulpendame für das nächste Jahr vor? Darf sich ein Schuh für etwas Besseres halten als seine Schuhweggefährten? Warum lächelt die Sonnenmutter am Ende die Ausreißer an? Man spürt es in jeder Geschichte: Alle brauchen die Sonne und die Helligkeit und auch die Finsternis der Nacht.

Sieben Erzählungen, die Licht ins Dunkel bringen!

Ab 6

Außerdem im Autumnus Verlag:

"Schriftenreihe Essays zur Kinderliteratur"
"Schriftenreihe Essays zur Literaturkritik"
Die Essays behandeln aktuelle Tendenzen der Kinderliteratur meinungsfreudig, temperamentvoll und vollkommen unabhängig.
Über den Verlag bestellbar

Gedichte
Ulla Burges:
Hexenkünste. Eine Ballade
In: Haushefte. Balladen für Kinder. Von heute
ISBN 978-3-938531-25-9

Reihe Theater und Film für Kinder. Materialien
Jule D. Körber:
Kami Katzes linkes Auge
ISBN 978-3-938531-19-8

Literaturzeitschriften
Kleine Geschwister.
Die Literaturzeitschrift für Kinder. Von heute. - Heft 1
ISBN 978-3-938531-26-6
Clou. Lesehefte für junge Leute-Heft 1
ISBN 978-3-938531-27-3

Kunsthefte
Philete. Heft für Kunst und Illustration
Heft 1-die kongeniale
ISBN 978-3-938531-24-2

Kulturmagazine im Web
www.librinetz.de
www.autumnus-verlag.de